河南师范大学出版基金资助

河南省软科学计划项目（152400410083）资助

大学生公寓文化

建设研究

丁笑生 著

中国社会科学出版社

图书在版编目（CIP）数据

大学生公寓文化建设研究／丁笑生著．—北京：中国社会科学出版社，2015.11
ISBN 978-7-5161-7035-9

Ⅰ.①大… Ⅱ.①丁… Ⅲ.①高等学校—集体宿舍—校园文化—研究
Ⅳ.①G647.4

中国版本图书馆 CIP 数据核字（2015）第 268321 号

出 版 人	赵剑英	
责任编辑	喻　苗	
特约编辑	英岁香	
责任校对	任晓晓	
责任印制	王　超	

出　　版	中国社会科学出版社	
社　　址	北京鼓楼西大街甲 158 号	
邮　　编	100720	
网　　址	http://www.csspw.cn	
发 行 部	010-84083685	
门 市 部	010-84029450	
经　　销	新华书店及其他书店	

印刷装订	三河市君旺印务有限公司	
版　　次	2015 年 11 月第 1 版	
印　　次	2015 年 11 月第 1 次印刷	

开　　本	710×1000　1/16	
印　　张	14.5	
插　　页	2	
字　　数	216 千字	
定　　价	55.00 元	

凡购买中国社会科学出版社图书，如有质量问题请与本社营销中心联系调换
电话:010-84083683

前　言

　　十八大报告指出："文化是民族的血脉，是人民的精神家园。全面建成小康社会，实现中华民族的伟大复兴，必须推动社会主义文化大发展大繁荣，兴起社会主义建设新高潮，提高国家文化软实力，发挥文化引领风尚，教育人民，服务社会，推动发展的作用。"2014年5月4日，习近平同志在北京大学考察期间指出："办好中国的世界一流大学，必须有中国特色。""世界上不会有第二个哈佛、牛津、斯坦福、麻省理工、剑桥，但会有第一个北大、清华、浙大、复旦、南大等中国著名学府。我们要认真吸收世界上先进的办学治学经验，更要遵循教育规律，扎根中国大地办大学。"强调了文化建设对建设高水平大学的重要意义。可以说文化建设是一所大学赖以生存、发展的根基和血脉，是大学最关键、最核心的价值。一流的校园文化是一流大学的灵魂和精神支柱，一流的大学必定有一流的校园文化。因为从本质上讲，她体现着学校的办学思想和教育目标，决定着学校的办学特色和办学品味，凝聚着师生的精神品质和思想灵魂。

　　公寓文化是校园文化的重要组成部分，是校园文化的神经末梢，她彰显着浓厚的校园精神和人文气息，丰富着大学生的文化生活和精神世界，陶冶着大学生的道德情操和思想品质，对大学生的健康成长成才发挥着重要作用。随着时代的发展、高等教育的改革，大学校园的管理呈现出许多新特点，公寓文化对大学生健康成长成才的重要作用越来越凸显，公寓已成为学生情感陪伴的第二家庭、学校课堂教育的有益补充、学校思想政治教育的重要阵地。但是，在部分高校，公寓文化并没有受到应有的重视，导致公寓出现

"管理真空"、"教育盲区"、"文化荒地"、"服务缺失"等现象，影响了校园文化的繁荣发展、影响了学校的安全稳定、影响了公寓文化向文化公寓的发展、影响了人才培养质量。笔者结合自己从事大学生事务管理教育服务工作的经验，在广泛调研、深入研究的基础上，运用多种学科知识分析公寓文化的内涵、特征和功能，探讨公寓文化建设的目标、探究公寓文化建设的原则、探索公寓文化建设的内容、梳理公寓文化建设的途径、构建公寓文化建设的评估体系等。

我期待《大学生公寓文化建设研究》一书的出版，能为更多的高校和学生工作同仁在工作上提供有益的帮助。当然，由于笔者水平有限，肯定存在很多不足，恳请各位专家学者给予批评指正。同时，也期待更多的高校和学生工作同仁对公寓文化进行深入的思考、研究和探索，推动高校校园文化丰富、繁荣和发展，逐步打通校园文化的神经末梢，使文化育人走进学生的心坎，滋润学生的心灵，服务学生的发展。

编者

目　录

绪　论 ……………………………………………………………（1）

一　选题依据及意义 ……………………………………………（1）

（一）选题的背景 ……………………………………………（1）

（二）问题的提出 ……………………………………………（3）

（三）选题的意义 ……………………………………………（4）

二　研究现状及趋势 ……………………………………………（5）

（一）国内的研究现状 ………………………………………（5）

（二）国外的研究现状 ………………………………………（8）

三　研究内容及方法 ……………………………………………（10）

（一）研究的内容 ……………………………………………（10）

（二）研究的方法 ……………………………………………（12）

四　研究的创新之处 ……………………………………………（13）

（一）研究体系的创新 ………………………………………（13）

（二）研究内容的创新 ………………………………………（13）

（三）研究观点的创新 ………………………………………（13）

第一章　大学生公寓文化的理论概述 ………………………（14）

第一节　大学生公寓文化的理论基础 ………………………（14）

一　文化定义与分类 ……………………………………………（14）

二　文化的基本性质 ……………………………………………（16）

三　先进文化的特征 ……………………………………………（17）

四　校园文化的作用 ……………………………………………（19）

五　公寓文化的内涵 ……………………………………………（20）

第二节　大学生公寓文化的特点 ······················ (22)
　　一　稳定性与渐变性 ···························· (22)
　　二　认同性与超越性 ···························· (23)
　　三　同质化与异质性 ···························· (25)
　　四　包容性与排他性 ···························· (25)

第三节　大学生公寓文化的功能 ······················ (27)
　　一　教育导向功能 ······························ (27)
　　二　凝聚激励功能 ······························ (28)
　　三　心理调适功能 ······························ (29)
　　四　怡情陶冶功能 ······························ (30)
　　五　约束规范功能 ······························ (31)
　　六　传承创新功能 ······························ (31)

第四节　大学生公寓文化的作用 ······················ (32)
　　一　公寓文化是社会育人的重要平台 ·············· (33)
　　二　公寓文化是课堂教育的重要补充 ·············· (34)
　　三　公寓文化是实践育人的重要阵地 ·············· (35)
　　四　公寓文化是家庭教育的重要延伸 ·············· (36)

第二章　大学生公寓文化建设存在的问题 ··············· (38)
第一节　大学生公寓文化建设的观念淡漠 ·············· (38)
　　一　思想认识不到位 ···························· (38)
　　二　文化个性不突出 ···························· (40)
　　三　主体性发挥不够 ···························· (41)
　　四　非主流文化冲击 ···························· (42)

第二节　大学生公寓文化建设的管理缺位 ·············· (44)
　　一　机制体制不顺 ······························ (44)
　　二　制度建设缺位 ······························ (46)
　　三　隐性壁垒太强 ······························ (48)
　　四　监督措施不力 ······························ (49)

第三节　大学生公寓文化建设的环境影响 ·············· (50)
　　一　社会环境的影响 ···························· (50)

二　网络环境的影响 ……………………………………（52）

三　教育环境的影响 ……………………………………（52）

四　传统文化被弱化 ……………………………………（54）

五　庸俗文化抢空间 ……………………………………（55）

第三章　大学生公寓文化建设的目标 ………………………（57）

第一节　加快大学生公寓文化建设的科学化 ……………（57）

一　推进公寓文化建设的制度规范化 …………………（58）

二　促进公寓文化建设的管理精细化 …………………（59）

三　提升公寓文化建设的服务人本化 …………………（60）

四　推动公寓文化教书育人的纵深化 …………………（62）

第二节　强化大学生公寓文化　浓郁学校风气 …………（63）

一　公寓文化营造公寓风气 ……………………………（63）

二　公寓文化熏陶班级风气 ……………………………（65）

三　公寓文化丰富学校风气 ……………………………（66）

第三节　加强大学生公寓文化　深化学生

　　　　思想政治教育 ………………………………（67）

一　公寓文化锤炼学生的政治观 ………………………（68）

二　公寓文化塑造学生的道德观 ………………………（69）

三　公寓文化树立学生的生命观 ………………………（71）

四　公寓文化端正学生的消费观 ………………………（73）

五　公寓文化引导学生的发展观 ………………………（74）

第四节　促进大学生公寓文化　锤炼学生能力 …………（75）

一　公寓文化培养学生的自我教育能力 ………………（76）

二　公寓文化增强学生的自我管理能力 ………………（77）

三　公寓文化提升学生的自我服务能力 ………………（79）

四　公寓文化强化学生的自我完善能力 ………………（80）

第四章　大学生公寓文化建设的原则 ………………………（83）

第一节　坚持主旋律与多样性相统一 ……………………（83）

一　弘扬大学生公寓文化建设的主旋律 ………………（84）

二　重视大学生公寓文化建设的多样性 ……………（85）

三　坚持主旋律与多样性相统一 …………………（87）

第二节　坚持理论性与实践性相统一 …………………（88）

一　理论研究是大学生公寓文化建设的支撑 ………（88）

二　实践探索是大学生公寓文化建设的检验 ………（90）

三　坚持理论性与实践性相统一 …………………（91）

第三节　坚持传承性与创新性相统一 …………………（92）

一　强化大学生公寓文化建设的传承性 ……………（93）

二　加强大学生公寓文化建设的创新性 ……………（94）

三　坚持传承性与创新性相统一 …………………（96）

第四节　坚持科学性与人文性相统一 …………………（97）

一　确保大学生公寓文化建设的科学性 ……………（97）

二　彰显大学生公寓文化建设的人文性 ……………（98）

三　坚持科学性与人文性相统一 ………………（100）

第五节　坚持共性与个性相统一 ……………………（100）

一　注重大学生公寓文化建设的共性 ……………（101）

二　凸显大学生公寓文化建设的个性 ……………（102）

三　坚持共性与个性相统一 ……………………（104）

第五章　大学生公寓文化建设的内容 ………………（105）

第一节　大学生公寓物质文化 ………………………（105）

一　公寓物质文化的类别 ………………………（106）

二　公寓物质文化的地位 ………………………（107）

三　公寓物质文化的特性 ………………………（108）

四　公寓物质文化的规划 ………………………（110）

第二节　大学生公寓制度文化 ………………………（111）

一　公寓制度文化的类型 ………………………（111）

二　公寓制度文化的原则 ………………………（113）

三　公寓制度文化的功能 ………………………（115）

四　公寓制度文化的塑造 ………………………（116）

第三节　大学生公寓行为文化 ……………………（117）
　　一　公寓行为文化的内涵 …………………………（118）
　　二　公寓行为文化的内容 …………………………（119）
　　三　公寓行为文化的建设 …………………………（120）
　　四　公寓行为文化的准则 …………………………（122）
第四节　大学生公寓精神文化 ……………………（124）
　　一　公寓精神文化的内涵 …………………………（124）
　　二　公寓精神文化的功能 …………………………（126）
　　三　公寓精神文化的要素 …………………………（127）
　　四　公寓精神文化的培育 …………………………（128）

第六章　大学生公寓文化建设的路径 ………………（131）
第一节　大学生公寓文化建设机构的独立健全 ………（131）
　　一　学校统一管理 ………………………………（131）
　　二　部门具体管理 ………………………………（133）
　　三　院系积极管理 ………………………………（134）
　　四　学生参与管理 ………………………………（136）
第二节　大学生公寓辅导员的职业化 ………………（138）
　　一　建立公寓辅导员的准入制度和认证制度 ………（138）
　　二　强化公寓辅导员的专业培训和内涵建设 ………（139）
　　三　注重公寓辅导员的跟踪考核和评价激励 ………（141）
　　四　提升公寓辅导员的职业素养和人格魅力 ………（142）
第三节　大学生公寓文化建设的学生主体作用 ………（143）
　　一　锤炼学生党员的示范作用 ……………………（144）
　　二　发挥学生干部的引领作用 ……………………（146）
第四节　大学生公寓文化活动的品牌化 ……………（148）
　　一　公寓文化活动的系统化 ………………………（148）
　　二　公寓文化活动的时代化 ………………………（150）
　　三　公寓文化活动的主题化 ………………………（151）
　　四　公寓文化活动的持续化 ………………………（152）

第七章 大学生公寓文化建设的评估 ……………………………（155）
  第一节 大学生公寓文化建设评估的重要意义 …………（155）
    一 评估是落实国家文化建设的重要使命 ……………（155）
    二 评估是高等教育人才培养的重要保证 ……………（157）
    三 评估是公寓文化长效机制的重要手段 ……………（158）
    四 评估是公寓文化自身发展的重要举措 ……………（160）
  第二节 大学生公寓文化建设评估的原则与内容 ………（161）
    一 公寓文化建设评估的原则 …………………………（161）
    二 公寓文化建设评估的内容 …………………………（164）
  第三节 大学生公寓文化建设评估的方法与步骤 ………（166）
    一 公寓文化建设评估的方法 …………………………（166）
    二 公寓文化建设评估的步骤 …………………………（169）
  第四节 大学生公寓文化建设评估体系的构建 …………（171）
    一 确立公寓文化建设评估指导思想 …………………（171）
    二 明确公寓文化建设评估发展目标 …………………（172）
    三 构建公寓文化建设评估指标体系 …………………（173）

附录1 大学生公寓文化建设调查问卷（辅导员卷） ………（183）

附录2 大学生公寓文化建设与思想政治教育
        调查问卷（学生卷） ………………………………（191）

结 语 ……………………………………………………………（203）

参考文献 …………………………………………………………（206）

后 记 ……………………………………………………………（219）

绪　论

一　选题依据及意义

（一）选题的背景

党的十七大指出："要坚持社会主义先进文化的前进方向，兴起社会主义文化建设新高潮，激发全民族文化创造活力，提高国家文化软实力"，① 第一次从国家战略的高度，强调加强国家文化建设的重要性和紧迫性。党的十七届六中全会通过《中共中央关于深化文化体制改革　推动社会主义文化大发展大繁荣若干重大问题的决定》，② 首次将"文化命题"作为中央全会的议题。党的十八大提出："扎实推进社会主义文化强国建设，发挥文化引领风尚、教育人民、服务社会、推动发展的作用"，③ 把文化建设推向了一个新的高度。党的十八届三中全会再次提出："建设社会主义文化强国，增强国家文化软实力，必须坚持社会主义先进文化前进方向，坚持中国特色社会主义文化发展道路"，④ 不仅提出了"社会主义文化强国建设"的思想和目标，而且强化了文化在整个社会发展中的地位与作用。胡锦涛在清华大学建校 100 周年大会上讲话指出："高等

① 《高举中国特色社会主义伟大旗帜　为夺取全面建设小康社会新胜利而奋斗——在中国共产党第十七次全国代表大会上的报告》，《人民日报》2007 年 10 月 25 日。

② 《中共中央关于深化文化体制改革　推动社会主义文化大发展大繁荣若干重大问题的决定》，《人民日报》2011 年 10 月 19 日。

③ 《坚定不移沿着中国特色社会主义道路前进　为全面建成小康社会而奋斗——在中国共产党第十八次全国代表大会上的报告》，《人民日报》2012 年 11 月 9 日。

④ 《中共中央关于全面深化改革若干重大问题的决定》，《人民日报》2013 年 11 月 13 日。

教育是优秀文化传承的重要载体和思想文化创新的重要源泉。"钱学森曾向温家宝发出感慨："为什么我们的学校总是培养不出杰出的人才"，被称作"钱学森之问"。2012 年"两会"期间，求解"钱学森之问"仍是"两会"代表和委员的热门话题。全国人大代表、中国科学院院士李家明，全国人大代表、四川农业大学教授任正隆，全国政协委员、新东方教育科技集团董事长兼总裁俞敏洪都不约而同地指向校园文化建设。可见，校园文化建设对大学的发展具有举足轻重的作用。

大学生公寓文化是校园文化的重要组成部分，健康向上的公寓文化是公寓常态的调控器，是公寓变革的内燃机，是凝聚学生的黏合剂，是学生成才的助推器，在实现高校育人、文化引领等方面发挥着重要作用。2002 年 2 月 22 日教育部颁发《关于进一步加强高等学校学生公寓管理的若干意见》（教发〔2002〕6 号），2004 年 6 月 7 日教育部颁发《关于切实加强高校学生住宿管理的通知》（教社政〔2004〕6 号），较详细阐述了学生公寓和公寓文化建设；尤其是 2004 年 8 月 26 日中共中央国务院《关于进一步加强和改进大学生思想政治教育的意见》（中发〔2004〕16 号）文件指出："加强学生公寓文化建设，通过公寓文化建设等，在全校形成良好的育人环境。"① 为大学生公寓文化建设指明了方向、确立了目标。

随着高等教育改革的发展、高校后勤社会化的推进，大学生公寓不仅数量迅速扩增，而且有些大学生公寓实行多校共用或社会化的管理模式，但是大学生公寓文化的育人作用没有引起足够的重视。同时，新时代的大学生思维活跃，崇尚现代物质文明，价值选择多元化，自我实现意识强烈，常常以异类思想挑战"庸众"思想，致使大学生公寓文化带有强烈的"时代"标记，它一方面强化大学生的挑战意识和创造力，加速大学生的社会化进程，但也使一些大学生政治信仰迷茫、理想信念模糊、价值取向扭曲、人文精神匮乏、道德观念弱化、诚信意识淡薄、社会责任感缺乏、艰苦奋斗

---

① 《关于进一步加强和改进大学生思想政治教育的意见》（中发〔2004〕16 号），2004 年 8 月 26 日。

精神淡化、团结协作观念较差、心理素质欠佳等，同时，姜玉洪等以黑龙江省在校大学生为例调研发现大学生人生追求有务实趋向、网络依存度高、欠缺对网络正确认知、自主学习意识差等。[①] 这些都应该引起足够的重视。大学生公寓文化是学校人才培养的重要载体、是大学生思想政治教育的前沿阵地、是大学生第一课堂的重要补充，可以有效帮助大学生树立正确的世界观、人生观、价值观和发展观。因此，加强大学生公寓文化建设，有助于全面推进大学生素质教育，培育中国特色社会主义事业建设者和接班人，从而实现中华民族伟大复兴的中国梦。

（二）问题的提出

校园文化是师生在特定环境中创造的与社会、时代密切相关且具有校园特色的人文氛围和校园精神，是一种特殊的社会文化，[②] 是在发展过程中汲取社会主流文化和其他亚文化的精华，进一步完善、创新和发展起来的。以中国知网为例查阅到 17711 篇关于校园文化的研究论文，其中硕博论文 462 篇，研究内容广泛，但涉及大学生公寓文化方面的研究非常少。

宿舍文化是校园文化的一种亚文化，以宿舍成员共同建立和长期形成的价值观为核心，涉及宿舍生活各方面的群体意识、行为规范和价值标准等反映和传播的各种文化现象的总和。以中国知网为例查阅到 981 篇关于宿舍或寝室文化的研究论文，其中硕士论文 23 篇，研究内容主要围绕宿舍功能发挥、育人作用等。宿舍文化是以同性别为基础，融合不同的民族、信仰、专业等，依附于宿舍载体。与公寓文化相比，宿舍文化只是公寓文化的一个细胞，是公寓文化的重要组成部分和有益补充。而且，随着大学生的毕业离校，本宿舍特有的优秀文化随之消失，不具有传承性和可持续性。

班级文化也是校园文化的一种亚文化，是班级气质和班级修养

---

① 姜玉洪、朱振林、王宏宇：《当代大学生思想状况调查与分析——以黑龙江省在校大学生为例》，《黑龙江高教研究》2013 年第 9 期，第 88—90 页。

② 蔡桂珍：《新时期高校校园文化建设研究》，博士学位论文，福建师范大学，2013 年。

的综合体现，以相同专业为基础，融合不同的性别、民族、信仰，由此形成独特的能够被全体班级成员认可和坚持的价值观念、思想作风、行为准则、学习风气和学习环境的总和。以中国知网为例查阅到1318篇关于班级文化的研究论文，其中硕士论文56篇。与公寓文化相比，班级文化具有较强的专业性，能够促进大学生公寓文化的丰富与繁荣，但不能满足大学生对公寓文化日益增长的文化需求。

自1999年以来，随着高校招生规模的迅速扩大，高等教育改革的不断深入，高校后勤社会化的实施，由学年制向学分制的转变，同学不同班、同宿舍不同专业和同院不同楼的现象日渐突出，这种以区域为基础，融合不同专业、性别、民族、信仰的大学生公寓趋向于社会化，经调查大学生每天至少12个小时在公寓园区进行学习、工作和生活，公寓充分发挥着大学生的第一社会、第二家庭、第三课堂的重要作用，[①] 而且，公寓文化的传承性、可持续性等对大学生的成长以及学校的学风、校风的形成起着不可估量的作用，为此，高校公寓文化软硬件建设不断得到加强，科学管理水平不断得到提升，公寓文化育人作用不断得到发挥。因此，新时期深入探索和研究大学生公寓文化建设，更好地促进大学生自由而全面的发展具有重要意义。

（三）选题的意义

1. 探索大学生公寓文化建设的理论内涵

社会的发展、时代的变革、高等教育的改革，不断赋予大学生公寓文化新的内容。但目前大学生公寓文化建设的理论研究与实践应用脱节，为研究而研究，甚至东拼西凑、脱离实际或跟不上时代的发展，不能满足大学生对公寓文化日益增长的需求。本书结合时代发展和人才培养需要，挖掘和探索大学生公寓文化建设的理论内涵。

2. 构建大学生公寓文化建设的理论体系

本书立足现实且超越现实，探讨大学生公寓文化建设的表观问

---

① 苏银成：《第一社会第二家庭与第三课堂——学生宿舍的教育功能》，《教育艺术》2008年第10期，第62—63页。

题，分析公寓文化建设的现状及发展趋势，深入研究潜藏在表象背后的本质问题；探讨公寓文化建设存在的问题和制约因素，分析大学生公寓文化建设的功能和作用等，着力从大学生公寓文化建设的目标、原则、内容、途径和评估等几个方面，构建大学生公寓文化建设的理论体系，发挥公寓文化建设的育人功能，从而更好地促进大学生健康成长成才。

3. 提供大学生公寓文化建设的实践对策

加强大学生公寓文化建设是高校校园文化建设和大学生思想政治教育工作面临的新课题。如何建设大学生公寓文化和有效发挥公寓文化育人作用也是高校亟待解决的问题。本书理论研究与实践应用相结合，着力构建大学生公寓文化建设的理论体系和评估体系，促进大学生公寓文化建设的可持续性，为大学生公寓文化建设提供理论依据和实践参考，从而实现大学生自由而全面发展。

二　研究现状及趋势

（一）国内的研究现状

随着高等教育改革的不断深入，大学生公寓文化建设逐渐引起关注。"公寓"一词较早出现在教育部《关于进一步加强高等学校学生公寓管理的若干意见》（教发〔2002〕6 号）文件，而"公寓文化"一词出现在教育部《关于切实加强高校学生住宿管理的通知》（教社政〔2004〕6 号）文件。自从 1998 年姬晨在渭南师专学报发表《高校公寓文化建设刍议》以来，一些学者对公寓文化建设进行了研究，发表相关研究论文 258 篇。通过对大学生公寓文化研究论文的综合分析，笔者发现我国大学生公寓文化建设大致经历早期启蒙、起步探索、理论发展三个阶段。①

---

① 汪洋：《安徽省大学生公寓文化有关问题的研究》，《黑龙江史》2009 年第 10 期，第 140—141 页。

1．早期启蒙阶段

作为一种后起的文化，中国大学生公寓文化久已有之。① 毛泽东在湖南省立第四师范读书时，与同窗好友抵足而眠、思想碰撞、激昂文字、指点江山。20世纪90年代以前大学生宿舍存在的"卧谈会"等宿舍文化，② 可以说是公寓文化的一种表现形式。早期的公寓文化作为一种隐形的力量，在大学生学习、生活、人际交往、人文素质培养等方面发挥着重要作用。

2．起步探索阶段

随着高等教育的大众化，宿舍文化对大学生的影响引起广泛关注，尤其是1999年以来高校后勤社会化的改革，促使了大学生公寓文化建设的启动，一些专家学者对公寓文化内涵、特征以及建设途径等进行了探索。

在公寓文化内涵上，1998年姬晨认为公寓文化是以学生为主体、以公寓为载体、以课外活动为内容，是反映公寓物质文明和精神文明总和的具体文化。③ 2002年程振华提出公寓文化是公寓蕴含的各种表现形式以及所反映出的意识形态。④ 2004年王圣宏指出学生公寓以其特有的环境和氛围所起到的作用，形成一种团体意识和精神氛围，是维系高校团体的一种精神力量。⑤ 2004年周长茂提出新的见解，公寓文化是一种特殊的场所文化，也是以公寓精神为主要特征的一种群体文化。⑥

在公寓文化特征上，侯建辉指出大学生公寓文化具有稳定性、

---

① 侯建辉：《论大学生公寓文化建设》，《中州学刊》2002年第9期，第189—191页。

② 许金霞、刘枫：《加强公寓文化建设　提高人才培养质量》，《教书育人》2000年第6期，第24—26页。

③ 姬晨：《高校公寓文化建设刍议》，《渭南师专学报（社会科学版）》1998年第3期，第83—86页。

④ 程振华：《公寓文化环境的营造》，《中国高校后勤研究》2002年第6期，第75—76页。

⑤ 王圣宏：《高校学生公寓文化建设的研究与探索》，《东北农业大学学报（社会科学版）》2004年第1期，第72—74页。

⑥ 周长茂：《高等学校大学生公寓文化建设的探索》，《沈阳农业大学学报（社会科学版）》2004年第1期，第74—75页。

约束性、感染性、个异性、流变性等特征。① 彭梅芬认为大学生公寓文化具有教育潜在性、参与自主性、风格独特性等特征。② 郭玲玲则认为大学生公寓文化具有很强的超前性和开放性、文化意识的自主性、价值目标的现实功利性以及表现形式的大众化、世俗化和文化构成的多层性和复杂性等特征。③

另外，在公寓文化建设途径上，2005 年蔡景华认为要充分发挥网络优势。④ 2006 年郭玲玲提出要改善硬件设施，如活动场所、设备、经费等；也要有软件因素，如领导体制、规章制度、实施系统等，⑤ 杨赣太等认为要根据不同个体采取个性化管理。⑥ 总之，专家学者对大学生公寓文化内涵、特征等的探索，对大学生公寓文化建设起到了助推作用。

3. 理论发展阶段

2007 年以来，很多学者对大学生公寓文化进行了研究，发表相关学术论文 215 篇，其中一些专家学者提出公寓文化建设的新想法，如注重大学生公寓环境文化的构建，形成公寓文化建设的特色；⑦ 加强和谐邻里文化建设，形成公寓文化的"场效应"；⑧ 构建公寓文化体系，使公寓文化渗透到公寓的每一个角落。⑨

---

① 侯建辉：《论大学生公寓文化建设》，《中州学刊》2002 年第 9 期，第 189—191 页。

② 彭梅芬：《高校学生公寓文化建设的创新与发展》，《改革与战略》2004 年第 6 期，第 75—78 页。

③ 郭玲玲：《多元文化视野中的大学生公寓文化特征初探》，《内蒙古师范大学学报（教育科学版）》2006 年第 9 期，第 63—65 页。

④ 蔡景华：《高校学生公寓文化建设的思考》，《湖南师范大学教育科学学报》2005 年第 6 期，第 67—69 页。

⑤ 郭玲玲：《高校大学生公寓文化面临的挑战及对策》，《高教论坛》2006 年第 1 期，第 124—126、150 页。

⑥ 杨赣太、高激化：《论高校学生公寓文化与育人工作》，《教育与职业》2006 年第 21 期，第 59—60 页。

⑦ 王利福：《论公寓文化对人才培养的重要作用》，《煤炭高等教育》2007 年第 3 期，第 123 页。

⑧ 甘果：《大学生公寓文化的特征功能及构建策略》，《重庆教育学院学报》2009 年第 1 期，第 114—117 页。

⑨ 贾增尧：《高职院校公寓文化建设的研究与实践》，《中国电力教育》2012 年第 8 期，第 146—147 页。

关于大学生公寓文化建设研究的学位论文只有 6 篇硕士论文，其中 3 篇硕士论文对公寓文化的内容、特征、功能进行了分析。2009 年，汪润的硕士论文《高校学生公寓文化研究》主要界定了大学生公寓文化的概念，分析了物质文化、制度文化、精神文化、行为文化等内容。① 2010 年，钱波的硕士论文《大学生公寓文化建设的理论与实证研究》主要以江苏大学为例，界定了大学生公寓文化的概念，分析了大学生公寓文化的特征和功能。② 2010 年，王焕伟的硕士论文《高校和谐校园建设背景下的学生公寓文化建设研究》也主要界定了公寓文化的概念，阐述了公寓文化的重要性，针对大理学院在大学生公寓文化建设中取得的成绩和存在的不足进行了分析。③

另外，黎媛和刘鹤玲阐述了公寓文化在大学生思想政治教育中的重要作用。2012 年，黎媛的硕士论文《思想政治教育视域下的大学生公寓文化建设研究》从思想政治教育的视角，对公寓文化的现状和存在的问题进行分析，提出建设公寓文化的对策。④ 2013 年，刘鹤玲的硕士论文《论高校公寓文化与大学生思想政治教育》探讨了公寓文化与校园文化、社会文化、大学生思想政治教育之间的关系，提出用社会主义核心价值体系引领公寓精神文化，促进大学生思想政治教育。⑤ 以上对大学生公寓文化建设的研究，标志着公寓文化建设进入理论创新发展的活跃期，推动着大学生公寓文化建设的进步与发展。

（二）国外的研究现状
与国内相比，国外大学生公寓文化建设多是以住宿学院、社团

---

① 汪润：《高校学生公寓文化研究》，硕士学位论文，华东师范大学，2009 年。
② 钱波：《大学生公寓文化建设的理论与实证研究》，硕士学位论文，江苏大学，2010 年。
③ 王焕伟：《高校和谐校园建设背景下的学生公寓文化建设研究》，硕士学位论文，大理学院，2010 年。
④ 黎媛：《思想政治教育视域下的大学生公寓文化建设研究》，硕士学位论文，西南石油大学，2012 年。
⑤ 刘鹤龄：《论高校公寓文化与大学生思想政治教育》，硕士学位论文，安徽大学，2013 年。

学院模式，形成了国外特有的公寓文化体系。① 亨利·罗索夫斯基（Henry Rosovsky）研究发现公寓文化在学生的学习、学术、精神、生活等方面以及在学生性格养成、学术兴趣、价值取向等方面具有重要的作用。② 沈琛华等对耶鲁大学的公寓文化进行了研究，发现以学生为中心的组织对大学生公寓文化建设具有重要的影响，③ 同时为学生提供全通道式的沟通网络，确保教授、导师和公寓管理员与学生联系紧密，这也是公寓文化在耶鲁大学培养出杰出人才的重要作用体现，"是其一流人才培养的重要隐性力量"④。另外，哈佛大学的公寓文化也注重导师的引领和熏陶，为每栋宿舍楼配备一名舍监统管，一名高级导师，若干名训导长和导师指导学生的学习和生活，补充并强化了正式教育。⑤ 导师制不仅使哈佛的导师们树立起了更好地培养有抱负的学者的信念，也使学生们的学习态度发生了巨大的变化，极大地提高了学习成绩，每个毕业班大约有 40% 的学生在专业领域获得了荣誉学位。⑥ 住宿学院最早出现在英国的剑桥大学，而住宿学院没有教学的责任，只是教师和学生居住和生活的场所，⑦ 茹宁研究也发现剑桥大学为每位学生配备一名生活导师和一名学习导师，注重导师和学生的面对面交流，增加师生交流的机会，促进学生综合素质的养成。⑧ 总之，在大学生公寓文化建设中，国外大学形成了集"行为指导、服务管理、文化建设"多种功能于一体的保障体系。

目前，从国内外研究的现状来看，国内专家学者不断赋予大学

---

① 《走进美国高校学生事务管理》，中国人民大学出版社 2011 年版，第 176 页。

② Henry, R., *The University: An Owner's Manual* (Ed.), W. W. Norton and Company, Inc., 1990, p. 96.

③ 沈琛华、张怡、傅筱忱、卢晓东：《耶鲁大学住宿学院内部组织结构、外部关系的比较研究》，《复旦教育论坛》2007 年第 6 期，第 67—71 页。

④ 谷贤林：《导师制·午后茶·住宿学院与一流大学的人才培养》，《比较教育研究》2003 年第 9 期，第 27—30 页。

⑤ 张家勇、张家智：《哈佛大学本科生住宿制和导师制》，《河北师范大学学报（教育科学版）》2006 年第 5 期，第 80—85 页。

⑥ Samuel, E. M., *Three Centuries of Harvard: 1636- 1936* (Ed.), Cambridge: Harvard University Press, 1937, p. 448.

⑦ Abraham, F., *Universities: American, English, German* (Ed.), Oxford University Press, 1930, pp. 225, 218.

⑧ 茹宁：《剑桥大学的住宿制和导师制》，《考试研究》2012 年第 4 期，第 45—48 页。

生公寓文化新的内涵，认识到公寓文化建设存在的问题，积极探索解决公寓文化建设的策略和方法，取得了一定的学术成果，但还存在不足之处：一是具有系统认识的研究比较薄弱，一些成果多是以个案为例或以某点为载体的工作经验总结，尚未形成完整的公寓文化理论体系，缺乏系统性和完整性。二是具有指导实践意义的理论研究比较薄弱，一些研究成果停留在理论层面上，缺乏指导性和操作性。三是具有现实性的问题研究比较薄弱，一些研究成果没有结合时代的发展和学生的特点，缺乏针对性和有效性。四是如何发挥公寓文化育人作用的研究比较薄弱，引导学生主动认知、激发学生情感共鸣、增强学生心理认同、促进学生行为表现等没有具体路径，缺乏时效性和持续性。五是公寓文化建设评估的研究还没有专家学者提出等。与国内学者相比，国外学者虽未对大学生公寓文化建设进行全面系统的研究，但从学者对国外大学的住宿学院模式、社团模式研究，尤其是国外教授、导师经常在公寓与学生"面对面"地交流对学生成长成才的研究，取得了较有影响的学术成果，为大学生公寓文化建设提供了重要的理论基础。由于不同时期、不同民族、不同国家对大学生公寓文化的内涵和内容的理解不尽相同，而且由于民族文化的独特性，由此而形成的不同文化的心理特征，尤其是西方文化与我国传统文化差异较大，有别于我国国情，因此，尚需探索适合我国国情的大学生公寓文化理论体系与实践模式。

　　总之，国内外专家学者创新积累的研究成果，为本书的研究提供了丰富的资料。但大学生公寓文化建设研究应随着时代的变迁、社会的发展、教育的改革、学生特点的变化，注入新的理论内涵，构建新的理论体系，研究新的对策，指导新的实践，更好地服务于大学生自由而全面的发展。

三　研究内容及方法

（一）研究的内容

大学生公寓文化建设研究是一个常谈常新的课题，笔者不期望也没能力构建一套非常完美的公寓文化建设理论框架，只是在前辈研究的基础上，贡献自己的绵薄之力，为大学生公寓文化建设研究起到一定推动作用。本书分为以下七个章节，各章节简述如下：

第一章：大学生公寓文化的理论概述。主要分析文化的定义与分类、文化的基本性质、先进文化的特征、校园文化作用等，厘清大学生公寓文化的内涵、特点、功能和作用。同时，阐述大学生公寓文化与校园文化之间的关系以及对大学生思想政治教育的作用等。

第二章：大学生公寓文化建设存在的问题。通过对 240 名高校辅导员以及 15 所高校 6950 名大学生进行问卷调查等形式，了解目前大学生公寓文化建设存在的问题，并分析制约大学生公寓文化建设的因素等。

第三章：大学生公寓文化建设的目标。通过公寓文化建设实现公寓制度规范化、管理精细化、教育纵深化和服务人本化，不断丰富和繁荣校园文化，浓郁学校风气，深化社会主义核心价值观教育，引导大学生树立正确的政治观、道德观、生命观、发展观和消费观，实现大学生自由而全面发展。

第四章：大学生公寓文化建设的原则。主要探讨公寓文化建设中要坚持主旋律与多样性相统一、理论性与实践性相统一、传承性与创新性相统一、科学性与人文性相统一、共性和个性相统一的原则，全面分析大学生公寓文化建设的客观规律。

第五章：大学生公寓文化建设的内容。主要探讨大学生公寓的物质文化、制度文化、行为文化和精神文化等内容，其中公寓物质文化是公寓文化建设的基础，公寓制度文化是公寓文化建设的保障，公寓精神文化和行为文化是公寓文化建设的核心和灵魂，以上四个内容相互促进、相互制约，共同影响着大学生公寓文化的繁荣和创新。

第六章：大学生公寓文化建设的路径。本章主要从大学生公寓文化建设的机构、公寓辅导员、公寓学生骨干、公寓文化活动等方面，分析机制体制、队伍建设和活动载体对大学生公寓文化建设的重要性。

第七章：大学生公寓文化建设的评估。本章主要阐述大学生公寓文化建设评估的意义、原则、内容、方法与步骤等，并构建大学生公寓文化建设的评估体系，以期促进大学生公寓文化建设的可持续发展。

（二）研究的方法

1. 文献分析法

通过查找、收集和整理相关文献和书籍，了解和掌握大学生公寓文化建设研究的理论基础、研究进展、存在现状和发展趋势，并结合国内外相关文献，分析实际案例，多角度、宽领域、系统性地探讨大学生公寓文化建设的相关体系。

2. 调查研究法

为探索大学生公寓文化建设的现状和存在问题，本书通过调查问卷等形式，了解大学生对公寓文化建设的期望、要求和建议，同时，整理分析调研数据以期为大学生公寓文化建设对策的提出提供可靠依据。

3. 综合分析方法

大学生公寓文化建设是一项系统工程，结合大学生公寓文化建设的发展现状，剖析发展沿革、发展趋势，运用哲学、政治学、教育学、心理学、社会学、管理学等多种学科，对大学生公寓文化建设的目标、内容、原则、途径和评估进行分析研究，进而构建大学生公寓文化建设的评估体系。

4. 经验总结法

研究方法的选择必须符合研究内容的需要。[1] "理论来源于实践，一是前人的实践，二是他国的实践（其他高校的实践），三是自己的实践。"[2] 通过对大学生公寓文化建设实际工作实践进行总结，尤其是典型案例进行分析，为研究提供实践支撑。

---

① 李福杰：《大学文化视野下的大学发展研究》，博士学位论文，华东师范大学，2006年。

② 潘懋元：《多学科观点的高等教育研究》，上海教育出版社2001年版，第10页。

四　研究的创新之处

（一）研究体系的创新

本书从政治学、社会学、管理学、教育学等多种视角出发，综合运用多种方法，系统探究大学生公寓文化建设的价值蕴涵，结合大学生公寓文化建设存在的缺陷，从公寓文化建设的目标、原则、内容、途径以及评估等方面，构建大学生公寓文化建设的理论体系。

（二）研究内容的创新

目前，大学生公寓文化建设的研究主要集中于公寓文化的内涵、特征和功能，而公寓文化建设的内容、途径等研究存在一定的局限性，尤其公寓文化建设的原则和评估等方面的研究甚少。因此，结合时代特征，本书对公寓文化的概念、特征、功能赋予新的内涵，通过调研等形式厘清公寓文化建设存在的问题和制约因素，进一步丰富了公寓文化建设的内容和途径，提出了公寓文化建设的原则和评估。

（三）研究观点的创新

根据国内大学生公寓文化建设的发展现状，结合时代的发展，赋予了大学生公寓文化新的内涵。根据大学生公寓文化建设的发展趋势，提出了公寓文化建设的制度规范化、管理精细化、服务人本化和教育纵深化的思路。为了符合时代发展和学生的合理诉求，提出了公寓文化建设的垂直管理体制、条状运行机制以及金字塔型组织结构的设想。根据公寓文化建设的发展规律，提出了公寓文化建设应坚持主旋律与多样性、理论性与实践性、传承性与创新性、科学性与人文性、共性与个性相统一等原则。为了促进大学生公寓文化建设的可持续性，提出了大学生公寓文化建设评估的建议。

第一章

大学生公寓文化的
理论概述

第一节　大学生公寓文化的理论基础

随着高等教育改革的深入，学分制、选课制和流动教室的引入，不同生源地的大学生进入同一公寓，学生的民族习惯、信仰追求、个性特点、行为模式等也融入公寓，使公寓成为大学生思想问题最集中、最前沿的阵地。如何使这些来自四面八方，不同专业、家庭背景、生活方式和价值观念的大学生在同一个公寓和谐相处、张扬个性、共同发展，大学生公寓文化的育人作用尤为重要。

一　文化定义与分类

党的十八届三中全会强调，建设社会主义文化强国，增强国家文化软实力，必须坚持社会主义先进文化前进方向，坚持中国特色社会主义文化发展道路，培育和践行社会主义核心价值观。文化是民族的血脉和灵魂，是政党的精神和旗帜，是社会发展的产物和动力。1871 年，英国文化学家爱德华·泰勒在《原始文化》一书中提出早期经典界说，文化是包括全部的知识、信仰、艺术、道德、法律、习俗和任何人作为一名社会成员而获得的能力和习惯在内的复杂整体。① 文化是一个群体（反映一个国家、一个民族、一所学校、一个企业和一个家庭）在一定时期内形成的思想、理念、道德、法律、行为、风俗、习惯、价值追求以及由这个群体整体意识

---

① ［英］爱德华·泰勒：《原始文化》，连树声译，文艺出版社 1992 年版，第 1 页。

所辐射出来的一切活动。① 杨叔子院士认为文化是人类社会的基因，人类社会靠文化的传承而遗传，靠文化的创新而进步。不同的社会、时代、单位、环境有不同的文化，建设和发展什么样的文化，决定着一个单位和组织的品位和层次，决定着一个国家和民族的前途和未来。

文化是一个常论常新的话题，更是一个纷繁复杂的范畴，不同的专家学者从不同的学科门类对文化有不同的理解和定义。从总体上来说，有广义和狭义之分。《现代汉语词典》解释广义的文化"是指人类在社会历史发展过程中所创造的物质财富和精神财富的总和"。② 分为两分说，即物质文化和精神文化；三层次说，即物质、制度、精神三层次；四层次说，即物质、制度、风俗习惯、思想与价值；③ 六大子系统说，即物质、社会关系、精神、艺术、语言符号、风俗习惯等。目前，被大家普遍接受的是四层次说。④（1）物质文化层，由物化的知识力量构成，是人的物质生产活动及其产品的总和，是可感知的、具有物质实体的文化事物，构成了整个文化创造的基础。（2）制度文化层，由人类在社会实践中建立的各种社会规范构成，是人们在物质生产实践活动中形成并用于规范、指导人们的行为实践。（3）行为文化层，是指人们在生活、工作中所贡献的、有价值的，促进文明以及人类社会发展的经验以及创造性活动。（4）精神文化层，人类社会实践和意识活动中经过长期孕育形成的价值观念、审美情趣、思维方式等，精神文化的优越性在于具有人类文化基因的继承性，还有在实践当中不断丰富完善的创新性。这也是人类文化精神不断推进物质文化的内在动力，是文化的核心部分。⑤

狭义文化是指某一社会集体、民族或阶层，在长期历史发展过

① 张忠利、宗文举：《中西文化概论》，天津大学出版社 2004 年版，第 6 页。
② 《现代汉语词典》（第 5 版），商务印书馆 2005 年版，第 1427 页。
③ 周德海：《对文化概念的几点思考》，《巢湖学院学报》2003 年第 5 期，第 19—23、88 页。
④ 卫世文、骆玉安：《大学校园文化建设论》，远方出版社 1997 年版，第 23 页。
⑤ 张岱年：《中国文化概论》，北京师范大学出版社 2004 年版，第 3 页。

程中经过传承积累而自然凝聚的共有的人文精神及其物质体现总体
体系。狭义文化不但以人为中心，而且以人的精神活动为中心，即
使观察物质世界，也是以其中的人文精神为内核。狭义文化关注的
不是个体的精神活动，而是经过历史传承积累凝聚的、共有的、成
体系的人文精神。狭义文化的重点不仅是全人类的普遍共性，而且
更加注重不同民族、阶层、集团人文精神的特点。①

二　文化的基本性质

文化是民族凝聚力和创造力的重要源泉，是社会发展和综合国
力的重要因素，是经济发展和社会进步的重要支撑，具有社会性、
区域性、阶级性、民族性和时代性等基本性质。

文化的社会性是一种随着人类历史发展而渐进的文化现象，在
不同的历史背景中发挥作用的方式不同，既可以是自在自发的文化
规范体系，也可以是自由自觉的文化精神和理性知识，并随着历史
的发展而改变。文化哲学的观点认为，经过历史的积淀，为个体提
供的行为规范体系往往是内容极为丰富的知识储备和价值要求，对
待文化范畴内的社会性问题，要放在历史的时空中，以历史眼光加
以考察分析，这才是客观的、科学的。总之，文化的社会性与人类
社会发展紧密相连，是社会形态的组成部分和特征表现。②

文化的区域性是指某一特定区域内经过历史积淀形成的具有区
域内氛围特点的文化，它是由自然和社会这个文化根植土壤的特质
所决定。文化的区域性由自然、社会、人文三重因素决定，三者在
历史发展进程中综合成某种区域性的文化特色，由于受到地域条件
的影响，均凸显出不同的文化氛围，如北方的中原文化，雄浑如触
砥柱而下的黄河；南方的楚文化，清奇如穿三峡而出的长江。但文
化的区域性并非静态、凝固的空间存在，而是因时演变的。③

物质文化是一种社会存在，而精神文化是一种社会意识形态。

---

① 《中国大百科全书·社会学卷》，中国大百科全书出版社 1999 年版，第 409 页。
② 付俊芳：《中西方文化及其社会性浅析》，《理论导刊》2006 年第 8 期，第 54—
55 页。
③ 冯天瑜：《中国文化的地域性展开》，《江汉论坛》2002 年第 1 期，第 5—6 页。

自从奴隶社会以来，文化就具有了阶级性，文化的阶级性是一定社会物质生产的政治和经济的反映，被分成统治阶级的文化和被统治阶级的文化，统治阶级要用文化维系统治阶级的利益，必须为文化打上统治阶级的烙印，就必然创造符合统治阶级利益的意识形态标准。社会的文化阵地存在不同形式和不同规模的斗争，被统治阶级为维护自己的利益也积极创造符合自己利益的健康、进步、奋发向上的文化。

文化的民族性是指文化带有强烈的民族色彩，与民族的产生和发展紧密联系，具有保守性、排他性、渐变性、相对性四个方面的特点，体现和反映的是一个民族生存与发展的理念以及具体的活动方式、规律和特点。文化的民族性是历史主体性的具体表现，突出了不同民族作为历史主体的地位和作用，突出了不同民族创造文化的人文价值，更突出了不同民族所具有的历史意义。文化的民族性又是不断发展和变化的，既向外传播和渗透，又受外来文化的浸染和影响，随着历史的发展、时代的进步，不断的扬弃和创新，又会赋予民族文化新的内容和品质。

文化的时代性是指社会群体文化的存在具有时代特征，代表着时代特色，有深刻的时代背景。每个时代都有自己的文化要求和文化特色，所有的文化都是在具体的时代背景下创造出来的。在人类发展进程中，文化的传承和淘汰不断在重复，由此形成了文化的竞争，推动人类文化向前发展。文化的传承和淘汰并不是对文化形态或文化内容一味地全盘接受或否定，而是对其核心部分进行传承、改进、改造，使得人类文化不断累积、保存而日趋丰富。传承与淘汰是同时进行的，但从本质上看取决于时代的需要，从而使文化具有了鲜明的时代特征。

三　先进文化的特征

党的十八届三中全会强调："建设社会主义文化强国，增强国家文化软实力，必须坚持社会主义先进文化前进方向，坚持中国特色社会主义文化发展道路，培育和践行社会主义核心价值观，巩固马克思主义在意识形态领域的指导地位，巩固全党全国各族人民团结奋斗的共同思想基础。"①

文化是活的生命，只有在发展中才有持久的生命力，只有运用到实际中才具有影响力。先进文化是时代精神的理性升华，是引领时代潮流的文化，是人类文明进步的思想结晶，是社会实践的真理检验，是经济发展和社会全面进步的精神动力，是综合国力和国际竞争力的深层支撑，是执政党夯实执政基础、巩固执政地位的核心内容，是能够顺应人类社会发展规律，揭示人类社会未来发展方向，为人类社会文明进步提供强有力的思想保证、精神动力和智力支持的文化，自然具有引领文化发展的特征。

先进文化除具有历史的必然性、传统的继承性、浓厚的民族性、显著的时代性、鲜明的意识形态性等一般文化特征外，还具有以下特征：（1）严格的科学性和丰富的实践性，先进文化有严格的科学精神、科学内涵、科学方法，经得起历史的沉淀和实践的检验。（2）鲜明的时代性和相对的前瞻性，先进文化在发展的过程中不断地修正自己，不断更新和完善自身，以宏大的气魄，把人们引向光辉灿烂的未来。（3）广泛的群众性和发展的创新性，人民群众是历史的创造者，是物质财富与精神财富的创造者，先进文化贴近生活、贴近实际、贴近群众，具有不断更新观念、创新内容、与时俱进的创造性特征，始终走在时代潮流前面，充分反映时代发展趋势。②

任何一个伟大的国家、民族、政党，都毫无例外地高度重视先进文化建设，满腔热情地用先进文化团结教育人民，推动社会进步。因此，必须以科学的理论武装人、以正确的舆论引导人、以高尚的精神塑造人、以优秀的作品鼓舞人，帮助人们树立正确的世界观、人生观、价值观，弘扬优良的民族精神和社会风气，并引领时代发展的潮流，指引着健康有益思想文化的前进方向。只有准确把握社会先进文化的发展规律，紧紧围绕建设社会主义核心价值体

---

① 《中共中央关于全面深化改革若干重大问题的决定》，《人民日报》2013年11月13日。

② 鼎乾坤：《什么是文化？其真正内涵又是什么？》（http://blog.sina.com.cn/s/blog_614375770102es54.html）。

系，不断在执政实践中提高发展先进文化的本领和能力，推动社会主义文化大发展大繁荣，才能增强综合国力，提高国际竞争力，才能满足人民群众对先进文化的需求，夯实执政的文化基础。

四　校园文化的作用

1932年美国学者沃勒在《教育社会学》中，最早提出"学校文化"（中国称校园文化）一词。沃勒指出学校文化是"学校中形成的特别文化……，能满足学生的需要，这种特殊文化的存在，可能是结合各种个体形成学校的最有效因素"。[①] 在国内，1986年上海交通大学学生会主席竞选时，他们不约而同地提出推进校园文化建设。[②] 1992年，江泽民同志在党的十四大报告中明确指出："要搞好校园文化建设"；2004年12月13日《教育部、共青团中央关于加强和改进高等学校校园文化建设的意见》和2006年4月17日《教育部思政司关于2006年推进高校校园文化建设有关工作的通知》指出，高等学校校园文化是社会主义先进文化的重要组成部分。高校校园是进行高等教育活动的最主要场所，高等教育是优秀文化传承的重要载体、思想文化创新的重要源泉、接触异质文化的触角和通道，决定高等教育是弘扬主旋律、突出高品位，成为发展中国特色社会主义先进文化的重要基地、示范区和辐射源，也决定文化和高校校园文化之间存在着不可分割的重要联系，校园文化对社会文化的影响既是垂直型，又是放射型，这也决定了校园文化是先进文化的重要组成部分。

校园文化作用之所以凸显，是因为这关系到一代又一代年轻人的成长，关系到我国能不能培养出更多中国特色社会主义事业建设者和接班人，关系到民族文化的现在和未来能不能始终朝着中国先进文化前进的方向发展。胡锦涛在清华大学建校100周年大会上的讲话指出，"要积极发挥文化育人作用，加强社会主义核心价值体

---

① Waller, W., *The Sociologe of Teaching* (Ed.), Russeell & Russeell, Inc., 1967, p. 13.

② 蔡红生：《中美大学校园文化比较研究》，中国社会科学出版社2010年版，第31页。

系建设，掌握前人积累的文化成果，扬弃旧义，创立新知，并传播到社会、延续至后代，不断培育崇尚科学、追求真理的思想观念，推动社会主义先进文化建设"；党的十八大报告强调："扎实推进社会主义文化强国建设"，"要深入开展社会主义核心价值体系学习教育，用社会主义核心价值体系引领社会思潮、凝聚社会共识"。2013 年 3 月 17 日，习近平总书记在第十二届全国人民代表大会第一次会议闭幕会上发表《实现中国梦必须凝聚中国力量》的重要讲话，习近平同志指出，"实现中华民族伟大复兴的中国梦，中国梦是民族的梦，也是每个中国人的梦"。在实现中国梦的过程中，校园文化应积极主动承担应有的责任，它是一所大学的灵魂，直接关系到高等教育的理念、目标、功能定位及走向，对于全面提升高等教育质量、加强和改进大学生思想政治教育、全面提高大学生综合素质具有深远的影响。

德国思想家雅斯贝尔斯曾指出："大学同时是一所专业学院、一个文化中心和一个研究所。"[1] 说明大学的独特功能是传承文化、传播文化、研究文化和融合文化。因此，校园文化必须坚持以社会主义核心价值体系为引领，着力建设具有深厚人文意蕴、一流文化品位的文化氛围，充分发挥校园文化的创新、传承和育人功能，不断与传统文化、时代特色、学校实际相结合，提升校园文化底蕴，以和谐的人际环境鼓舞人、以高雅的人文环境启迪人、以科学的制度环境激励人、以健康的心理环境培育人，实现大学生自由而全面的发展。

五　公寓文化的内涵

《现代汉语词典》解释公寓的概念是"旧时一种租期较长、房租论月计算的宿舍，住宿的人多是学生。分户居住的多层或高层建筑，有若干成套的单户独用的房间，设备较好"。[2] 大学生公寓是由学校或社会投资用于学生求学，基础设施完备、服务理念先进、环

---

① Karl, J., *The Idea of the University* (Ed.), Peter Owen, London, 1965, p. 53.
② 《现代汉语词典》(第 5 版)，商务印书馆 2005 年版，第 474 页。

境营造宜人，学生按年支付房租，每间能容纳多人居住的楼房，既是满足生活需要温馨舒适的家园，又是满足学习需要文化创新的摇篮，① 集大学生学习、生活、休闲、娱乐、交友等功能于一体的区域。

2002 年 2 月 22 日，教育部在《教育部关于进一步加强高等学校学生公寓管理的若干意见》中指出，"学生公寓不仅是学生生活、学习的重要场所，还是课堂之外对学生进行思想政治工作和素质教育的重要阵地，加强和改进大学生公寓文化建设，是高等学校后勤社会化改革的一项重要任务，直接关系到学生的切身利益、学校的正常教学秩序和高等学校的稳定发展，而且也直接影响高校后勤社会化改革工作的成效。"随着我国高等教育从精英化向大众化的转变、高校后勤社会化改革的不断深入，公寓文化的育人作用逐渐引起关注。大学生公寓文化是校园文化的重要组成部分，关乎千千万万个家庭的幸福和谐，承载着千千万万家庭和学生个人梦想的实现，发挥着大学生的第一社会、第二家庭、第三课堂的作用。因此，积极、健康、文明、向上的大学生公寓文化是学校人才培养的重要载体，是大学生思想政治教育的前沿阵地，是大学生课堂教育的有益补充，是凝聚大学生之间情谊的黏合剂，能帮助大学生树立正确的世界观、人生观、价值观和发展观。大学生公寓文化建设也直接影响着高校所在城市的文明发展，高校作为所在城市的重要组成部分，不仅是所在城市文明程度的重要窗口，更在文明城市创建中发挥重要的作用。

大学生公寓文化是以公寓为载体，以教师为主导，以学生为主体，以部门联动为机制，以环境建设为基础，以制度建设为保障，以传承创新为原则，以校园和谐为目标，以社会主义核心价值观为内容，以思想政治教育进公寓为途径，以文化活动为平台，以学生成才为核心等，在潜移默化中产生富有思想性、知识性、趣味性的文化，凝聚浓厚的校园精神和人文气息，彰显大学生的朝气蓬勃和激情满怀，启迪大学生奋发向上和敢于担当，陶冶大学生的道德情操和高尚品质，丰富大学生的文化生活和精神世界，对学校校风、

---

① 赵炜阳：《大学生社区文化建设研究》，博士学位论文，延边大学，2011 年。

教风、学风的形成具有积极作用。

第二节　大学生公寓文化的特点

文化是根，文化是魂，文化是力，文化是效，文化是一所大学赖以生存、发展的重要根基和血脉，也是大学间相互区别的重要标志和特征。任何一种文化都有其特点，都离不开特定的自然条件和社会历史条件，大学生公寓文化也不例外，通过文化创新发挥公寓文化育人的积极作用，以优美的环境感染学生，以良好的风气熏陶学生，以正确的舆论引导学生，以丰富的活动教育学生，进而促进学生全面发展。

一　稳定性与渐变性

从空间角度来考虑，大学公寓是一个相对稳定、密闭的立体结构。从公寓成员构成来讲，大学生在性别、年龄、学历层次等方面大都处于同一水平，这种趋同的性质促使他们在思维和行为模式上形成相似性，同时生活与学习环境的趋同也在一定意义上保证了这种相似性的延续，从而构成一种稳定。从内容结构上考虑，公寓文化的结构层次一般由表层文化、中层文化和深层文化或内涵文化组成，内容上由物质文化、制度文化、行为文化和精神文化构成，具有相对稳定性。

在大学校园里，公寓是一个基本的细胞，稳定地存在于校园中，是校园内部稳定的立体空间存在形式，并以自身特有的方式、方法对置身于其中的个体产生影响，而不单单如此，公寓文化不仅仅影响着其内部的个人，同时具有对外辐射的特点。哈佛大学前校长洛厄尔说："大学的目标是同社会交互作用，而不是复制当代文明的缺陷。"① 公寓并不是孤立在海洋中的小岛，而是联系着大陆的

① Samuel, E. M., *Three Centuries of Harvard 1636 -1936* (Ed.), Cambridge：Harvard University Press, 1937, p. 444.

岛群，允许外界介入，公寓文化在自身不断丰富与完善过程的每个阶段，不断选择和借鉴优秀传统文化和优秀民族文化，学习其他高校优秀公寓文化，吸收和融合社会先进文化，赋予公寓文化新的内容，体现特定内涵，反映某一特定历史时期的时代风貌、时代精神和时代特征以及学校办学精神、育人理念和价值追求。同时，公寓文化也对外界产生影响，在一定程度上，也彰显了公寓文化的开放性，公寓文化系统与外部环境保持着积极、密切的联系，与外界进行信息、能量交换，相互作用，通过特定的渠道作用于大学生，促进学生综合素质的形成。学生个体也是特定社会关系的总和，而学生的综合素质通过个体与其他学校内部或者之外的人相互联系进而作用于其他社会关系，达到向外辐射信息的目的。

二　认同性与超越性

文化的价值认同是指个体或组织通过相互交往而在观念上对某一价值的认可和共享，或以某种共同的理想、信念、原则为追求目标，实现自身在社会生活中的价值取向，是社会成员对社会价值规范所采取的自觉接受、自愿遵循的态度。[①] 所谓大学生公寓文化的价值认同，是指大学生公寓文化建设的主体在公寓文化建设过程中，共同对公寓文化建设顶层设计的目标、原则、内容和途径的价值认可和接受，自愿参与公寓文化建设活动，并在公寓文化建设过程中自觉提高自身素质。

认同是大学生公寓文化建设发展的基础，没有学生的认同就没有积极主动的参与，没有积极主动性就不会有大学生公寓文化建设的丰富、繁荣和发展。要想让大学生在认同公寓文化价值的基础上发挥积极主动性和聪明才智，必须在机构设置上具有现实性和前瞻性、针对性和实效性，必须体现以人为本，集学习、生活、生涯规划、心理咨询、健康服务、个性需求于一体，充分调动大学生的积极性和创造性，推动大学生促进自我完善，实现自身目标，实现个

---

① 郑永廷：《大学生思想政治教育质量提升的理论研究》，《思想教育研究》2013年第6期，第14—16页。

人价值。在管理上，充分发挥学生主体性作用，激发大学生主动承担大学生公寓文化建设的责任，担当公寓文化建设的主人，提升大学生自我教育、自我管理、自我服务的能力。在决策上，广泛听取学生意见，征求学生建议，推动大学生公寓文化建设的民主管理、民主参与和民主决策，集体最终决策的形成往往考虑最大限度地满足每个个体的需要，因为"师生都希望在所有重大决策面前有他们的声音，希望对每一件影响他们的重大事情都能与校方进行商讨"。① 因而，大学生公寓文化建设的价值认同，是实现大学生公寓文化建设超越发展以及大学生的全面发展的前提和基础，没有价值认同，目标的实现就是一句空话。

认同与超越总是相依而伴，大学生对公寓文化的认同和超越，对于大学生人格养成有着至关重要的作用，因而学生公寓文化亦必须担负起为实现这一目的而努力的重任，要建立在平等关系的基础之上。平等是人和人之间的一种对等关系、人对人的一种相等的态度，公寓是大学生生活和学习的主要场所之一，在这一空间结构中，同学之间彼此相互承认对方的主体地位，互相尊重并把对方当成和自己一样的个体看待，任何个人都没有高于其他人的特权，任何人都均等地享有校园提供的精神和物质资料。同样，公寓师生之间的角色不同，但作为独立个体的人与人，师生之间不但地位和人格平等，师生之间的关系也是平等的。这就要求师生之间理解彼此的文化偏见，进行平等的交流，不强求任何一方改变自己原有的文化价值观，② 才能建立相互信任、相互协调、相互支持、其乐融融的平等氛围，有利于增强课堂之外教育的重要作用。因此，以实现人的根本权利为基准，强调激发大学生的主观能动性，实现大学生的全面、自由发展，才能得到大学生对公寓文化建设的认同，实现更大的超越。

---

① Bennis, W., Movius, H., "Why Harvard is so Hard to Lead", *The Chronicle of Higher Education*, Vol. 52, No. 28, 2006.

② 辛鹏：《当代中国高校师生关系冲突的文化透视》，硕士学位论文，东北师范大学，2011 年。

三　同质化与异质性

萨特曾经讲过"他人即地狱",从存在主义的视角分析,任何自身而外的人(或事物)都是自我实现自由的阻碍,而从功利主义哲学的层面考虑,这些阻碍会进一步发展进而影响到个体自我价值的实现。密尔在《论自由》中曾经谈道:"人类之所以有理有权可以个别地或者集体地对于其中任何成员的行为自由进行干涉,唯一的目的就是自我保护。权利能够违背文明共同体任何成员的意志而对他进行干涉的唯一目的,便在于他对于他人的伤害。"[①]

大学生公寓多人合住的现状,一定程度上要求公寓成员在处理日常事务的过程中,在思维或行为方式上达成共识,并按照这种共识规范自己的言行。达成共识的意识推动了公寓成员之间思想与行动同质化的形成,进而确保公寓可以在这些同质化的基础上正常运作,从而在公寓成员之间以及公寓与外界的联系中,可以使得全体作为个体发挥最佳效用。然而,教育是培养人的活动,人和人之间不可否认地存在差别,这种差异性是他们有别于其他个体的独特性征。公寓是大学教育的重要载体,其所负载的文化理应具备教育的一般性,依附于公寓单个成员的独特性是公寓个体意识内向领域的自由选择,体现了个体思想情感、兴趣追求、交往与联合的自由,这些个性化的特征不会伤害他人,即便是他人难于理解或接受,亦必须获得充分的保障。因为个体性、多样性和自主性是推动大学生不断发展创新的动力之源,即便它与公寓集体文化在一定程度上存在差异,但却依然和公寓集体文化同等重要。

四　包容性与排他性

同一个学生公寓的成员可能来自不同的城市,有着不同的语言、性格、习惯、风俗乃至信仰等,但却为了同一个目标而生活在同一环境里,在这里各式各样的差异性被要求兼收并蓄。如果公寓群体不能在一定程度上达成默契,个体在日常生活与学习过程中便

---

① ［英］约翰·斯图亚特·密尔:《论自由》,中国法制出版社2009年版,第8页。

会受到外界或者自身单一目的的牵制，这种缺憾与融合差异性相比，更加让人难以接受，公寓也因而更具包容性。① 大学生公寓文化的包容性也体现在对各种主流与非主流文化的包容，由于公寓是一个开放的系统，各种社会上流行的思潮都能在大学生公寓文化中找到影子，并占有一席之地。② 同时，大学生公寓文化的包容性也体现了对传统文化、民族文化、社会文化、其他高校的公寓文化以及西方外来文化的选择、借鉴、吸收和融合。在相互融合的前提条件下，公寓文化一旦成型，就会像一个纽带一样将大家联结起来，使得置身其中的成员获得相应的集体感、荣誉感、成就感，并使得他们将维护集体的利益视为分内之事，共同点和凝聚力也会在与其他对等的个体和群体的相互联系中建立起来，这种共同性的确立是在与其他对等单位相互联系的基础上建立起来的，带有一定程度的"自卫性"和"攻击性"，他们希望自己的同一性可以在相互作用的过程中继续保持优势，因而也会对不符合公寓文化的人、事、物具有一定的排斥性。

排他性体现在对不适宜公寓文化建设的外来文化的排斥，形成适应发展和现实需要的公寓文化。公寓文化一旦形成，便在一定时间范畴内持续发生效用，因而排他性也会伴随着公寓文化而产生影响，而且会持续存在。持续性首先表现在公寓文化内涵的持续性，它是在排他性作用下，经历长期的历史积淀，凝聚着一代代人智慧的结晶，与时代特征和时代精神相吻合，这也必将在长期传承和弘扬中绵绵不息，保持大学生公寓文化的繁荣发展。其次表现在公寓文化承载着育人功能，大学教育并不是教育的终点，而只是终身教育的一个特定阶段，因而公寓文化的特性还应与大学生持续发展联系起来，在一定意义上有利于大学生的长远发展，即使大学生离开校园之后，公寓文化的育人功能依然发挥功效，在排他性的作用下，总有一种莫名的线指引着学生向正确的方向发展，对学生的一生都会产生积极的影响。

---

① 汪润：《高校学生公寓文化研究》，硕士学位论文，华东师范大学，2009 年。
② 王维：《高校和谐宿舍文化建设研究》，硕士学位论文，陕西师范大学，2010 年。

第三节　大学生公寓文化的功能

大学生公寓不仅是知识学习和生活娱乐的场所，也是思想传播和情感交流的平台，更是人格养成和素质提升的阵地。大学生公寓文化是校园文化的重要部分，除具有校园文化的功能外，作为一种特殊的文化现象，越来越受到教育部门和高校的高度重视，因为公寓文化有其特定的文化功能，主要体现教育导向、凝聚激励、心理调适、怡情陶冶、约束规范和积淀传承等功能，对大学生的心理行为、意志磨炼、人格塑造等发挥着不容忽视的作用。

一　教育导向功能

吉诺克斯在其著作中将文化描述成一种个人特定身份，能够在此得以确认的场所，它是"年轻人及其他人预设自己与世界的关系的场所，它提供各种陈述、隐喻及意象来构建及实施一种强大的教育力量从而影响人们对他们自己及自己与他人的相互关系的思维方式"。[1] 因此，文化内在本质天生就具有教育意义。[2]

高等教育的首要任务是"育人"，文化的最终目的是"化人"，"没有正确的政治观点，就等于没有灵魂"。[3] 大学生公寓文化是校园文化的重要部分，校园文化建设的最高目标是帮助学生树立正确的世界观、人生观、价值观和发展观。公寓文化的导向作用是对公寓区域内学生的政治信仰、价值观念、行为规范、生活方式和人格建构等具有潜移默化的积极作用，也可起到观点认同、精神升华的引导作用，使之符合公寓文化建设的理想和目标，同时也表现为公寓区域内整体的价值取向和行为导向。

---

① Soetaert, R., Andre, M., "Culture and Pedagogy in Teacher Education", *The Review of Education, Pedagogy, and Cultural Studies*, No. 26, 2004, p. 155.

② 冯青来、耿红卫:《论埃德加·莫兰复杂性理论中的文化教育观》,《外国教育研究》2006 年第 11 期, 第 19—23 页。

③ 《毛泽东文集》第 7 卷, 人民出版社 1999 年版, 第 226 页。

优秀的大学生公寓文化不仅彰显学校的整体素质，展示学校的特有风貌，体现全员育人的良好氛围，凸显课堂教育之外的育人作用，而且提倡理性消费和节俭消费，主张积极健康的闲暇文化和现代生活，对学风、教风和校风形成有很强的促进作用，对学生思想引导、人格塑造有着积极的重要作用，对培养学生的文化素养、文明品质、身心健康有特别重要的作用。另外，科学规范的公寓规章制度可以内化为学生的行为规范和优秀品质，优秀辅导员和管理员的人格魅力可以深化为学生健康人格建构的催化剂，积极进取的优秀学生精神面貌和崇高的价值理想可以转化为学生的价值导向，对学生的人际交往、知识获取、社会实践和心理调适等都能起到积极的导向作用。

在实现中国梦的征途中，将中国梦的深刻内涵融入公寓文化建设中，激发大学生爱校荣校、奋发图强、矢志成才、感恩奉献和报效祖国的热情，引导大学生用中国梦筑牢思想基础，用中国梦激发历史责任感，播种梦想、点燃梦想，敢于有梦、勇于追梦、勤于圆梦，为实现中国梦增添强大的青春正能量。

二　凝聚激励功能

大学生公寓文化对学生共同的价值观念、理想信念和行为规范等就像精神的黏合剂，优秀的公寓文化一旦形成，就会给学生一种内在的驱动力量，促使学生从内心深处自我思考、自我完善、自我激励，也表现出学生共同成长、集体成才的"场效应"，让学生从陌生到认识，从认识到熟悉，从熟悉到相知，增强认同感、归属感，产生凝聚力，这种凝聚来源于共同的理想和追求目标、精神的向往和价值的认同，对学生产生无形的、不可低估的凝聚力和感召力，进而集结成强大的集体合力、奋发向上的群体意识以及学生的主观能动性，激发学生强烈的主人翁意识、责任感和使命感，让学生自觉处处维护学校的名声信誉，积极做出自己应有的贡献，为学校增光添彩。

公寓文化是激励学生成才的助推器，这种激励是责任激励、关爱激励和竞争激励。最基本的责任是维护学生的安全稳定，确保学生正常的生活秩序，最高的目标是激励学生成长为中国特色社会主义事业建设者和接班人。关爱激励体现在对学生思想问题和实际问题的关爱以及学生内部之间的团结友爱、互助合作和共同发展。竞争激励体现在个人奋斗目标的实现和集体荣誉的维护，激励学生见贤思齐，见不贤而内自省，实现个人理想，追逐共同理想，内化于心，外化于行，处处充满集体温暖、团结友爱和成才机会，让学生有一种令人振奋、催人向上的力量，有一种百尺竿头、敢为人先的精神，有一种你追我赶、共创辉煌的愿望。

三　心理调适功能

健康不仅是疾病与体弱的匿迹，而且是身心健康、社会幸福的完美状态。[①] 公寓作为学生学习、生活和休息的场所，舒适的生活设施、优质的生活服务、温馨的生活环境、浓郁的文化气息对学生群体的身心健康无疑具有调适功能。[②] 心理调适是用心理科学的方法对认知、情绪、意志、意向等心理活动进行调整，以保持或恢复正常状态的实践活动，既可以自己进行心理调适，也适用于帮助别人。

学生在追求知识、追求真理、探索世界、谋求自身发展过程中，不可避免地会遇到困难和挫折，从而产生大量的思想问题和心理问题，在课堂、在教师面前、在其他正式场所，学生一般不愿或不敢吐露自己的心声，释放自己的压力。学生公寓相对课堂和其他公共场所而言，具有较大的自由空间、宽松的和谐氛围，学生在公寓可以无所顾虑地宣泄情绪、表达心声，这样对心理调适有很大的帮助。宿舍内室友真诚的交流、深入的探讨、善意的劝导和热心的相助可以增强学生战胜困难的信心，使其消除过多的忧虑和消极思想，减轻心理压力，具有很强的调适功能。另外，宿舍内成员之间、宿舍之间、楼层之间、公寓楼之间、公寓区域内通过开展丰富

---

① 陈家麟：《学校心理健康教育——原理与操作》，教育科学出版社 2001 年版，第 3 页。

② 侯建辉：《论大学生公寓文化建设》，《中州学刊》2002 年第 9 期，第 189—191 页。

多彩的公寓文化活动，帮助学生及时释放心情、调适心理、消除矛盾，甚至超越，进而通过模仿、暗示、从众、认同等过程，发生协同作用力，既能丰富学生的文化生活和增强人际关系，又能提高学生的文化素养和培养高雅情趣，使学生住在其中、乐在其中、心情舒畅、奋发向上。① 公寓心理咨询室通过加强心理健康教育，完善学生心理咨询体系、开展心理健康宣传等方式对学生心理进行疏导，帮助学生消除心理困惑，增强克服困难、承受挫折的能力，增强珍爱生命、关心集体、悦纳自己、善待他人的意识，对提高学生的心理健康水平和心理调适能力，促进学生积极适应和谐发展有积极的作用。因此，大学生公寓文化建设应遵循大学生心理行为发展规律，将塑造学生品质与服务学生成才相结合，帮助学生实现自我发展。

四　怡情陶冶功能

怡情陶冶是一种对人的思想和行为潜移默化、耳濡目染、暗示性和渗透性的作用，体现在陶冶学生情操，调节学生心情，使学生心情愉快等方面。马克思说："人是按照美的规律来塑造物体的。"② 人追求美是人追求自己本质力量的丰富性体现。

教育的根本使学生通过对文化价值的摄取，获得人生意蕴的体验，进而陶冶人格和灵魂，充实生命的内容。学校的校风、教风、学风等对学校教育的各个环节起着指导性作用，更陶冶着学生的情操，是学生奋勇向前的一种无形动力。公寓园区内宁静、轻松、舒适、美丽的环境氛围和文化气场，有意无意间使学生受到启发和感染，陶冶着学生的道德情操和行为规范，激发着学生塑造自我、完善自我的内在驱动力。科学规范合理的公寓规章制度，对学生的思想和行为起到很好的约束和引导作用，也是学生自我约束的内聚力。公寓管理人员的政治信仰、道德修养、人格魅力、服务水平，影响着每一位学生的人格发展和信仰追求。文明、健康、丰富、高

---

① 赵红深：《论学生住校心理与公寓文化》，《卫生职业教育》2004 年第 23 期，第11—13 页。

② 马克思：《1844 年经济学哲学手稿》，刘丕坤译，人民出版社 1979 年版，第 51 页。

雅的公寓文化活动，形成一种浓郁的文化气息，感染着每一位学生，对培养学生道德情感和审美情趣有着积极的作用。

总之，大学生公寓文化陶冶情操、净化心灵的作用是一切行政权力或手段无法替代的，它渗透在有形或无形的物质、环境，于潜移默化中感染学生的情绪，内化学生的心灵，外化学生的行为，从而塑造学生的人格魅力，提升学生的道德修养。

五　约束规范功能

公寓文化蕴含的精神、信念、信仰、习惯、道德和风尚等弥漫于学生之间，内化于肌体之内，无形之中会对学生产生一种强制性的规范教育作用，它不仅影响学生的感觉、认识、情绪、伦理等心理机制和心理过程，而且从整体上影响学生的价值取向和行为取向，使学生自觉或不自觉地符合适应社会发展的价值观念和行为习惯。俗话说，没有规矩不成方圆，科学、规范、严格的公寓制度文化对学生思想行为方式具有重要的约束、引导和激励作用，保证公寓文化建设的正常发展。精神文化虽然是无形的、看不见的，但它的约束作用在一定程度上超越制度文化对人的影响，发挥着独特的引领功能，对学生的思想观念、审美能力、价值取向、行为方式进行约束和塑造以及通过对学生的思想引导、观念约束和制度约束来实现自身的约束功能，使学生沿着正确的方向发展。大学生公寓文化约束规范功能不仅体现在大学精神对学生的约束，还体现在马克思主义中国化的最新成果贯穿和渗透入公寓文化建设中，形成政治方向明确、学习氛围健康、道德风气高尚的公寓文化，对广大学生起到正确的引导和约束作用，使之符合高等教育价值规范的标准。

六　传承创新功能

大学生公寓文化是一元主导、多元融合的文化，但绝不是千篇一律的文化样态，即使是在同一所大学，不同学院、不同专业的公寓文化差别也非常明显，这足以说明公寓文化的传承性和创新性。

公寓文化的传承是消化吸收一代代积淀下来的传统文化知识并进行传承，让学生在深厚的文化底蕴中感受传统文化的魅力，接受文化的熏陶。公寓文化的传承是按照客观规律，对优秀价值观念的传承，在传承社会文化过程中不断孕育新的思想观点、理论学说、优良风气和文化氛围，既包括文化建设发展进程中所形成的积极价值观，也包括学校在办学过程中形成的优秀价值观。

公寓文化的创新是以历史积淀为基础，构建文化公寓为目标，在公寓文化建设过程中，尊重历史、取其精华、弃其糟粕，进行整合创新、发掘文化，体现公寓文化的积淀创新功能。公寓文化的创新包括制度创新、环境创新、行为创新和文化创新等，制度创新体现精细化的管理、系统化的服务思想。环境创新是公寓文化育人，随着人们的精神追求，体现环境育人、空气养人的文化氛围，标准化的公寓是环境创新的产物。行为创新体现在公寓文化制度、文化活动对学生的引导上，体现在当代大学生个性特点和需求上。文化创新则体现在公寓文化活动的形式和创意上，激发学生的创造灵感、增强学生的创新意识、开发学生的创新潜能、提高学生的创新能力。

正是因为学生公寓文化具有积淀与传承功能，不断发掘自身文化精华，重构优化自身文化体系，使得公寓文化建设取得长足而快速的发展至关重要。

第四节　大学生公寓文化的作用

大学生的心理和生理尚未完全成熟，思想观念、价值取向、思维模式等与社会目标要求存在偏差。随着社会的发展，竞争日益加剧，大学生的愿望和理想与现实发生冲突，如果没有及时正确引导，就会产生悲观情绪，甚至以消极反抗来发泄内心的不满，产生逆反心理，严重影响身心健康发展。随着高等教育改革的不断深化，学生在公寓的时间不断增多，高校就必须在加强课堂教育的同时，重视大学生公寓文化建设，充分发挥公寓文化的育人作用，让学生生活在和谐健康的公寓文化氛围中。

一 公寓文化是社会育人的重要平台

著名教育家陶行知先生说过："到处是生活，即到处是教育；整个社会是生活的场所，亦是教育之场所。"社会是共同生活的人们通过各种各样社会关系联合起来的集合。微观上，社会强调同伴的意味，并且延伸到为了共同利益而形成的自愿联盟。宏观上，社会就是由长期合作的社会成员通过发展组织关系形成的团体，并形成了机构、国家等组织形式。①

学生从高中到大学，从校门到校门，而大学由于其特殊性，犹如社会的缩影，公寓是大学生的聚集地，堪称学生的"第一社会"，也是踏入社会的演练台阶，社会的属性也延伸到公寓，它虽没有现实社会那么复杂，却也具备了社会的基本特征，影响着学生的成长与发展。通过对 15 所高校 6950 名学生的调查，发现学生思想政治状况总体呈现出积极、健康、向上的良好态势，大学生具有强烈的爱国主义情感、较强的政治责任感和参与意识，对我国未来发展充满信心。大学生的自我评价总体积极向上，价值取向趋于多元化。大学生主要依赖新媒体获取信息进行交流，高度关注与自身发展密切相关的问题，就业观念日趋成熟。但由于受我国经济社会快速发展彰显的社会矛盾、经济体制深刻变革、社会结构深刻变动、利益格局深刻调整、思想观念深刻变化、高等教育大众化和网络新媒体发展，尤其是西方敌对势力加紧对我国大学生实施西化、分化的战略图谋等因素影响，近 10% 的大学生政治信念模糊，甚至是错误的；有 9.88% 的大学生信仰宗教，而且呈现出多元化的趋向，信仰的宗教范围也有所扩大，除了佛教、基督教（新教）外，信奉伊斯兰教、道教和天主教的大学生也在一定程度上增多，所占比例分别为 55.46%、19.80%、8.88%、11.94% 和 3.49%。

另外，不同学院、不同专业、不同年级甚至不同学校的学生同住在一个公寓园区，扩大了他们的人际交往，拓展了他们的视野范

---

① 《人类的思路和社会的方向》（http://blog.sina.com.cn/s/blog_4453129601012nm0.html）。

围，拓宽了他们的信息渠道，同时，也不可避免地产生一系列的冲突和矛盾，如作息时间冲突、性格差异、信仰不同以及观念认同和思维方式上的差异等。他们经历不同思想观念和行为方式之间的磨合，在冲突、平息、缓解、融合的过程中，提高了学生的交往能力，增强了学生的处世技巧，也使学生学会了特定角色为人处事的行为规范，因而学生适应社会的能力不断得到提高。

二　公寓文化是课堂教育的重要补充

高校课堂教学是第一课堂，是育人的主渠道。在第一课堂，学生有固定的教学时间、教学场所以及规定的教材、教学大纲，教师运用自己的智慧和创造力，把课堂营造成生动活泼的学习乐园，挖掘蕴含其中的无限生机和活力，让学生在愉快的学习环境中自然、有序地学习和操练，不断提高学生的能力。同时，给学生提供课内实践机会，让学生在特定情境中进行实践体验，使学生在活动中感悟道理、体验情感、反思所为、规范行为。

第二课堂常被看成是在第一课堂以外的一切传授知识、培养能力、锻造人格的校园文化活动，是第一课堂教学的延伸、补充。同样，美国大学强调要把公民教育渗透到学生生活、课外实践活动中，重视环境对大学生的熏陶作用。① 调查显示：学生对自己的课外时间安排较为合理得当，对自己的兴趣爱好目标明确，大学生活丰富多彩，主要用于上网、勤工俭学、参加社会实践、公益活动、体育锻炼、听讲座和报告等，有 85.31% 的学生经常或偶尔参加志愿者服务活动，用自己的能力奉献社会，在活动中认识社会、开阔视野、增长才干、磨炼意志、结交朋友等，说明大学生参加社会实践的目的性很强。

学生公寓已不再仅仅是学生休息的场所，也是学生可以消化和吸收第一课堂所学的知识以及自我补给知识营养的重要场所，还是丰富大学生第二课堂阵地的重要载体。大学生公寓文化是校园文化

---

① 戴胜利：《大学思想政治教育的比较研究》，上海教育出版社 2008 年版，第267 页。

的延伸，是第二课堂的重要组成部分，是文化育人不可或缺的重要环节，是学校精神文明建设的重要窗口，是学生思想政治教育的前沿阵地，是培养学生树立正确的世界观、人生观、价值观的重要课堂。总之，学生公寓文化有助于大学生真实地展示自我，提升人际交往和口头表达能力，实现自我管理、自我服务、自我教育、自我提升，也是学校对大学生进行思想教育、心理服务、就业指导等非智力教育的重要课堂。

三 公寓文化是实践育人的重要阵地

教育部等六部委《关于进一步加强高校实践育人工作的若干意见》（教思政〔2012〕1号）指出，实践育人是高校人才培养中的薄弱环节，与培养拔尖创新人才的要求还有差距。高校要切实改变重理论轻实践、重知识传授轻能力培养的观念，注重学思结合，注重知行统一，注重因材施教，以创新实践育人方法途径为基础，以加强实践育人基地建设为依托，形成实践育人合力，着力构建长效机制，努力推动高校实践育人工作取得新成效、开创新局面。①

随着高等教育大众化，学生公寓的数量迅速扩增，有些大学生公寓实行多校共用或实行社会化的管理模式，尤其是时代的发展、新媒体的广泛应用以及学生呈现出的新特点，课堂教学作为学生受教育主阵地的作用已不能满足学生求知的愿望。以公寓为载体的学生社团是实践育人的重要阵地，是校园文化活动的重要场所，是课堂教学的有益补充，是服务社会、增长才干的实践平台，对于丰富校园生活、培养学生兴趣爱好、扩大学生求知领域、增加学生交友范围、丰富学生内心世界、积淀传承学校文化发挥着重要作用。调查显示：76.49%的学生选择参加社团来调节自己的大学生活，通过参加不同性质的社团来实现锻炼自己的目的且扩大兴趣爱好，调查发现，参加了1个学生社团的占28.61%，参加2个学生社团的占37.30%，参加3个以上的占10.58%。其中分别有35.62%和

---

① 教育部等六部委：《关于进一步加强高校实践育人工作的若干意见》（教思政〔2012〕1号），2012年1月10日。

30.78%的大学生主要参加文艺体育类和公益服务类社团，参加学术科技类和思想理论类社团比例分别是 19.07% 和 10.33%。通过加强大学生公寓社团文化建设，有利于引导大学生养成良好习惯，培养独立自主能力；有利于引导大学生进行情感交流，培养学生自我教育能力；有利于实现优势互补，提高学生集体融合能力；有利于抓住教育时机，塑造学生健全的人格。

　　总之，研究加强大学生公寓文化实践育人的实质，是全面落实党的教育方针，把社会主义核心价值体系贯穿于国民教育全过程，深入实施素质教育，大力提高高等教育质量的必然要求。同时，无异于开启一扇通往大学生心灵深处的窗户，对拉近同学之间的距离，亲密同学之间的关系，浓郁同学之间的感情，缓解同学的心理情绪以及把握大学生思想脉络，更好地促进大学生自由而全面发展具有重要意义。

四　公寓文化是家庭教育的重要延伸

　　里耶说：家庭不单是身体的住所，也是心灵的寄托处。歌德说：无论是国王还是农夫，家庭和睦是最幸福的。家庭是社会最基本的细胞，是最重要、最基本、最核心的社会组织和经济组织，也是人们最重要、最基本、最核心的精神家园。家庭的健康可持续发展是社会稳定发展、国家稳定发展的基石。

　　公寓宿舍是学校最基本的细胞，是最重要、最基本、最核心的基层组织和经济组织，也是学生最重要、最基本、最核心的精神家园。宿舍和谐，整个学校和谐；宿舍成员身心健康，整个学校平安稳定，因此，公寓也是学校稳定发展的基石。家庭的核心功能是情感和陪伴，学生从父母营造的第一家庭到由学校营造的第二家庭，室友在一起更多的是情感的慰藉和真情陪伴。2013 年，武汉某高校新闻专业针对大学生寝室关系，在 12 所高校做了问卷调查，结果显示仅 43% 的大学生对寝室关系表示满意。[1] 作者调查发现 87.85% 的

---

　　① 《半数大学生称与同窗难相处》（http://news.163.com/14/0302/04/9MAB3NC500014AED.html）。

学生认为公寓环境对学生成长的影响比较大，72.80%的学生认为宿舍不和谐因素是生活习惯，80.46%的学生认为宿舍不和谐因素是个人性格、行为风格，62.26%的学生认为宿舍不和谐因素是价值取向，37.36%的学生认为宿舍不和谐因素是家庭条件，38.51%的学生认为宿舍不和谐因素是无共同兴趣爱好。86.52%的学生认为处理好宿舍关系的关键在于包容不同的生活习惯，79.17%的学生认为处理好宿舍关系的关键在于多与舍友沟通交流，73.64%的学生认为处理好宿舍关系的关键在于关心和帮助他人，29.91%的学生认为处理好宿舍关系的关键在于不触犯他人的隐私，29.25%的学生认为处理好宿舍关系的关键在于积极参与宿舍集体活动。

　　总之，学生公寓是学生学习、生活的重要场所，同时也承担着家庭的重要角色，对学生思想政治教育工作发挥着重要作用。因此充分利用学生公寓的独特性，将公寓文化的育人功能与大学生思想政治教育有机结合起来，具有重要的意义。

第二章

大学生公寓文化建设
存在的问题

为厘清大学生公寓文化建设现状，笔者通过教育部全国高校辅导员骨干培训班对全国 240 名高校的辅导员以及河南 15 所高校 6950 名学生进行大学生公寓文化建设的问卷调查，调研内容主要涉及公寓文化建设的体制机制、队伍建设、规章制度、公寓文化活动等方面。调研结果表明，目前，大学生公寓文化建设中，一些消极因素制约着大学生公寓文化的健康发展和功能发挥。[①]

第一节 大学生公寓文化建设的
观念淡漠

大学生公寓文化建设是校园文化建设的重要内容，也是高校人才培养的重要载体，目前，大学生公寓文化建设工作还存在着一些亟待解决的突出问题，缺少适应新时代要求的新观念，成为制约公寓文化作用发挥的"瓶颈"。

一 思想认识不到位

思想认识和重视程度是影响大学生公寓文化建设的决定性因素。调查显示，56.3%的辅导员认为学校领导一般重视、不太重视和很不重视大学生公寓文化建设，54.89%的学生认为公寓文化建设不到位，主要原因是学校领导不重视。

---

① 吴春红：《制约高校学生公寓文化建设原因的探析与思考》，《高校后勤研究》2007 年第 3 期，第 67—69 页。

　　思想观念不到位。上级有关部门对大学生公寓文化建设的支持不够，监督检查的力度没有落到实处。部分物业管理公司对公寓文化建设的投入和重视程度不够，只注重经营管理，忽略育人职能。部分高校领导对学生公寓文化建设的重要性认识不够，没有很好执行上级文件精神，对党的十八大提出"立德树人"的新要求认识不充分，存在"说起来重要、做起来次要、忙起来不要"的状态，没有充分认识到大学生公寓文化对学生成长成才的重要作用，导致公寓文化建设硬件设施不完善、优秀管理服务人员不足、专项经费不到位等情况。

　　理念落实不到位。按照教育部要求，高校后勤的工作宗旨是，为教学服务、为科研服务、为师生员工生活服务，服务育人、管理育人（即常说的"三服务、两育人"），但实际落实存在很大偏差；部分后勤服务公司"以服务为主、经营为辅，公益性为主、营利性为辅"的自身工作定位也没落实到位；部分高校对大学生公寓文化建设的重要意义和育人功能缺乏正确的理解，对大学生公寓文化是凝练校园精神重要部分的认识还不到位，仅把大学生公寓文化活动当作低层次水平来认识和运作。另外，大学生公寓文化建设主体的教师、学生、思想政治工作者和高校管理者没能有效参与进来，导致大学生公寓文化建设因循守旧、发展滞后，甚至由于非主流文化的影响，让庸俗文化抢占了公寓文化空间，没有使公寓文化发挥应有的作用。

　　教师认识不到位。教师与领导、公寓管理者缺乏有效沟通，存在观念上的矛盾和冲突。[①] 部分教师没有看到学生公寓文化在育人中的重要作用以及对学校和谐、稳定、发展的重要作用，片面认为举办公寓文化节就是公寓文化建设工作的全部；或错误地认为日常的管理服务只要不出纰漏，做不做无关紧要，或简单地认为公寓文化建设无非是张贴宣传标语，应该以教学科研为重。

　　总之，要解决大学生公寓文化建设工作存在的突出问题，只有

---

　　① 薛绍聪：《大学主体间文化的缺失与构建》，博士学位论文，山东师范大学，2012 年。

切实提高社会、上级主管部门和高校自身对公寓文化建设重要作用的认识，才能把这项工作落实到具体工作中。

二 文化个性不突出

任何一所大学的发展都有别人无可复制的文化特色，作为高校文化建设重要组成部分的公寓文化建设也不例外。公寓文化是学校经过长期的历史积淀而成，是以教师为主导，学生为主体形成共同的价值观念、育人理念、群体意识的价值体系，是公寓精神与氛围的集中体现，是公寓赖以生存的根基，更是学校可持续发展的精神动力。

但是调查显示：62.30%的辅导员认为本校公寓文化的特色或个性不突出，公寓文化氛围不浓，缺少特有的文化品牌活动，有些高校虽然开展了公寓文化活动，但主题不鲜明，内容不新颖，活动质量不高，影响思想政治工作的成效。造成公寓文化个性不突出的因素很多，如校园精神没能很好地渗透到公寓，公寓基础设施滞后，环境文化薄弱，服务文化落后，制度文化建设不健全，教师文化、学生文化、标示文化等没形成，符合学校实际的公寓警示标牌、指示牌、励志牌、文化墙、宣传橱窗、文化走廊、专业代表人物画像等没有建立，从而导致内涵建设浅薄，特有的高校大学生公寓文化精神没形成，"山寨"的多，个性的少，甚至存在千篇一律的现象。另外，领导很少把公寓当成"课堂"一样去建设和培育，配备更好的师资和管理队伍，使其发挥特殊的作用来教育学生、培养学生；公寓工作人员很少真正把学生当成自己的孩子或亲人那样去关心和关爱，用自己的人格魅力和道德品质去影响和熏陶他；学生很少真正把公寓当成在学校的"社会"来历练自己的能力，提升自己的素质，很少真正把公寓当成在学校的"家"，把同学当成家庭成员里的兄弟姐妹去看待，互相关心、互相关爱、互相帮助。因此，公寓中的工作关系、隶属关系、管理关系、临时关系的想法在大家的观念中占据绝对地位，值得我们深思。

此外，学生公寓文化特色应以学生需求为根本出发点，以全面提高学生综合素质为核心，注重学生人格、品行、素养的培养，以实现学生的自由而全面发展为目标，在服从于学校整体发展战略的基础上，通过学生公寓文化建设，提高学生的文化敏感性，培养学生跨文化交流的意识与能力，保留体现公寓不同阶段发展特征的代表性场所，彰显学校特色，创造公寓文化品牌。

三　主体性发挥不够

大学生公寓文化建设的主体是指享有公寓文化权力和承担公寓文化建设义务的人，主要包括学校领导、教师、公寓领导、管理人员、公寓辅导员和学生。其中，公寓管理队伍是公寓文化建设的领导者、设计者、组织者和推动者，在公寓文化建设过程中，只有不断推动管理队伍的职业化、专业化发展，依靠行之有效的考核办法和激励措施，充分调动队伍的积极性和创造性，才能使大学生公寓文化建设得以传承和发扬。调查显示：82.3%的辅导员表明本校公寓管理人员是人事代理、合同工或临时工，年龄普遍偏大者占95.4%，高中以下文化程度达78.6%，公寓管理员的年龄、文化层次都已不适应时代发展和满足服务学生的需求。68.3%的辅导员认为本校公寓管理队伍整体素质不高，辅导员参与公寓文化建设的高校不到51%。美国马里兰大学助教凯伦·因科拉斯认为："和传统的课堂教学相比，学生参与教授的研究课题、参加教授组织的文化活动，甚至是到教授家里做客吃饭等，有时候更加有助于学生获得成功。"[1] 调查显示：仅19%的学校的教授或资深专家有联系学生公寓情况，其中，思想政治理论课教师寥寥无几，设置在学生公寓的学工系统办公场所更是少之又少。高校没有充分认识到公寓文化建设是学校课堂教育的延伸，是校园文化的重要组成部分，部分领导、教师普遍存在只要公寓不发生事故就是成绩的错误思想，对新形势下的大学生公寓文化建设的重要意义认识不够、研究更不够，没有把大学生公寓文化围绕学校的校园文化、办学方向、办学理念和办学精神进行建设，仅把大学生公寓文化建设等同于大学生的课外活动、局限于大学生管理层面上，使大学生被动地接受管理，极

---

① 中国驻纽约总领事馆教育组王盈、艾方林：《便于交流　美国大学教师住进学生宿舍》，《中国教育报》2007年8月28日。

大地限制了大学生公寓文化功能的发挥。① 也没有在学生公寓文化建设投入相应的人力、财力、物力，学校的主导推动作用没有发挥，导致教职员工的积极主动性不够。

公寓是学生的家，学生是公寓的主人，学生也是公寓文化建设的重要主体。大学生公寓文化建设要充分依靠学生、相信学生，发挥学生在公寓文化建设中的主体作用，培养学生的主人翁意识和责任感，建设基础才能坚固稳定。同时，发挥学生组织管理、协调和引导作用，可以使学生在实践中接受锻炼，增长才干，以达到较好的服务和育人效果。调查显示：62.78%的辅导员认为学生在公寓文化建设方面参与不够或主动性不够，21.19%的大学生认为自身参与不够，分别有58.5%、54.6%、53.3%的高校没有实现党、团和社团组织进公寓，② 因此，党支部、团支部或党员活动室、学生党员工作站以及党员干部为核心的学生骨干队伍的作用在公寓文化建设中没能发挥。大部分学校设立的大学生自我管理委员会是校学生会下设部门，没有在学生公寓设立专门直属学工部门领导的大学生自我管理委员会，相应的派生机构，如公寓楼委员会等也没形成，以至于"自我教育、自我服务、自我管理、自我提升"以及团结更多的学生参与到大学生公寓文化建设中的作用不能很好地发挥。另外，大学生正处于人生发展的黄金时期，个性特点突出，可塑性大，随意性强，意气用事，做事冲动，自我意识强，缺乏理性和法制观念，折射出有的大学生具有依赖性、功利性、畏难性、浮躁性、从众性、攀比性、易变性，缺乏独立性等特点，自我教育、自我管理、自我服务、自我发展的能力相对较弱，也导致大学生在公寓文化建设中的主体作用发挥不够。

四　非主流文化冲击

大学生作为祖国的未来，民族的希望，中国特色社会主义事业

---

① 刘红斌：《建设高品位公寓文化，培养高素质大学人才》，《长春理工大学学报》2013年第1期，第43—44页。

② 王晖：《塑造积极向上的公寓文化氛围》，《河南日报》2003年11月23日。

建设者和接班人，必须坚定马克思主义在我国意识形态领域的指导地位，必须坚持中国共产党领导。主流文化主导大学校园核心价值取向，引领大学生成长成才，然而受多种因素的影响，非主流文化却始终客观存在，并渗透到大学校园的各个角落，对大学生的世界观、人生观和价值观产生持续影响。

调查显示，部分大学生理想信念迷茫，呈现出一定的功利性、现实性、波动性以及享乐化。主要表现在以下几个方面：（1）部分大学生的入党动机呈现多元化，如功利性、现实性。在大学生入党动机调查中，24.26%的大学生是为了增强就业竞争力，18.46%的大学生是为了谋求仕途发展，11.52%的大学生是为了寻求政治荣誉感。另外，对大学生党员或入党积极分子入党动机的调查，结果表明分别有22.57%、17.93%和13.46%的大学生党员或入党积极分子是为了增强就业竞争力、谋求仕途发展和寻求政治荣誉感。（2）部分大学生政治信念模糊，甚至是错误的。调查显示，19.86%的大学生表示说不清、不赞同或很不赞同"必须坚持马克思主义在我国意识形态领域的指导地位，不能搞指导思想多元化"，有9.42%的大学生表示说不清、不赞同和很不赞同"中国共产党是中国特色社会主义事业的领导核心"。（3）部分大学生的自控力和是非观遭到不同程度的扭曲。调查显示，不注意听讲、不注意节俭、不讲文明、学术不端、沉迷网络游戏、作息不规律、课桌"涂鸦"、婚前性行为等现象在大学生中时有发生。值得注意的是高达61.77%的大学生认为"作息不规律且不注意锻炼身体"现象非常普遍和比较普遍，27.21%的大学生认为对"长明灯、长流水"现象视而不见等现象非常普遍和比较普遍，32.15%的大学生认为"婚前性行为"等现象非常普遍和比较普遍，46.96%的大学生认为"抄袭剽窃、实验凑数据等学术不端行为"现象非常普遍和比较普遍，41.93%的大学生认为"沉迷网络游戏"现象非常普遍和比较普遍，40.99%的大学生认为在课桌、墙壁等地方的"乱涂鸦"现象非常普遍和比较普遍。

另外，更加明显的是一些大学生人情冷漠，不能互相帮助，不能和同学建立良好的人际关系；做事功利性较强，目的性明显，一切以自我为中心。而且攀比之风越来越严重，从服装到电子产品，无一不比，有的学生为买苹果手机甚至不惜去卖自己的身体器官，勤俭节约的优良传统被丢到脑后。同时，有的大学生存在遇到事情喜欢投机取巧，不安心学习，公寓内大声喧哗，不顾及他人感受等问题。①

第二节　大学生公寓文化建设的管理缺位

　　管理就是有效利用资源，使资源发挥更大效能，使工作收获最大效果。缺位就是达不到标准或要求。② 大学生公寓文化建设是一项系统工程，涉及后勤、保卫、学生处、院系、公寓管理等部门的协调统筹，当前还存在体制机制不顺、制度建设不健全、监管措施不力等问题，距离科学管理层面还有一定距离。

一　机制体制不顺

　　高校后勤社会化改革以来，公寓管理体制发生了变化，公寓集团负责学生公寓管理，包括公寓硬件和软件建设、看门保洁等，学生管理部门只能间接对学生进行教育，不能有效地将教育服务直接送到学生公寓里，导致管理体制机制不够顺畅，管理服务不到位，工作效率不高等情况。调查显示，70.8%的高校公寓归后勤服务集团管理，而学生处、校团委、保卫处辅助（见图2—1），23.8%的高校公寓属高校学生处管理，保卫处辅助（见图2—2），还有5.4%的高校属于社会企业管理等多线条管理模式。

　　如图2—1所示，公寓管理是一种多渠道、多形式、齐抓共管的管理模式，理论上为学生公寓的安全、稳定提供有力的组织保障，为学生的健康发展发挥重要的作用。但隐藏着单位之间的推诿、扯皮等情况，主要存在以下问题：

---

① 任福全、张小飞：《当前大学生思想政治教育存在的问题及对策》，《胜利油田党校学报》2013年第2期，第112—114页。

② 《现代汉语词典》（第5版），商务印书馆2005年版，第1135页。

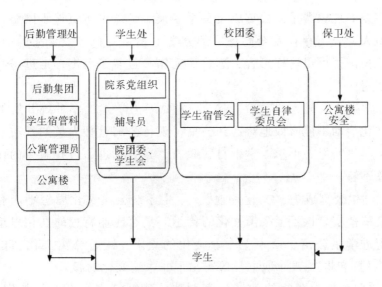

图 2—1　学生公寓"四线"管理模式示意图

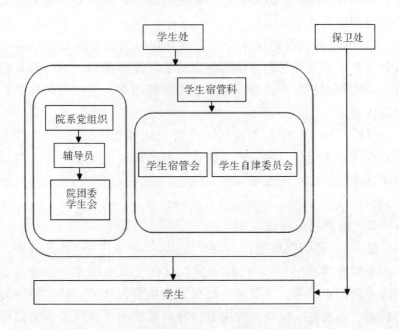

图 2—2　学生公寓"双线"管理模式示意图

学生公寓"管理真空"。由于管理不到位，导致学生公寓脏、乱、差的现象严重。公寓成员关系淡漠。部分学生沉迷于网络，影响他人。公寓存在安全隐患。部分学生私自乱拉电线、乱扔烟头。有些公寓楼可以这样形容，远看像宾馆，近看是公寓，走进房间像民工房。

学生公寓成为"教育盲区"。主要因为学生工作系统开展的校园文化活动不能有效地渗透到公寓，现行公寓管理人员的素质满足不了学生的思想诉求。学生自我教育、自我管理、自我服务的作用发挥不够。

学生公寓成为"文化荒地"。学生系统公寓文化思想不能有效在公寓落实，谈不上公寓文化的传承。具有专业特色的文化思想不能走进学生公寓，谈不上专业文化的熏陶。现行公寓文化品位不高，"打麻将"、"斗地主"等突出了非主流文化的彰显。

"服务缺失"制约和谐公寓构建。公寓管理人员的年龄偏大，文化水平不高，不了解学生的特点。有些公寓条件落后，设施老化，不能及时维护。因辅导员不能及时到位，导致心理服务、人际关系协调服务滞后。

"制度鸿沟"制约学生全面发展。现行公寓管理制度过多考虑宿舍卫生、安全等问题。学院制定的素质发展条例，很少涉及宿舍育人功能，而且各方制度不能有效地衔接和共享，从而制约学生的全面发展。

另外，与学生公寓"四线"管理模式相比，如图 2—2 所示的公寓管理模式目前很少，因为该管理模式服务学生单一，不能满足学生日益增长的文化需要。

二　制度建设缺位

孟子曰："不以规矩，不能成方圆。"墨子曰："执其规矩，以度天下知方圆。"但是，目前不少高校在公寓文化建设方面主要以行政手段，靠经验、政策和行政权力实施管理活动，缺少科学的法律机制，随意性、经验性的决策和管理模式无法保持公寓文化建设的持续健康发展。

　　调查显示：62.7%的辅导员对本校的公寓制度文化建设不满意。主要存在以下九个方面：（1）规章制度体系不完善，缺少顶层设计、合理规划、长远发展和理论研究，靠的是经验，缺乏创造性的视野和眼光。（2）制度内容不够健全，主要表现在义务性的规范多、权利保障的制度少，约束学校和教师的制度多、激励学生主体性发挥的制度少，实体性的制度多、程序性的制度少，应急性制度多、前瞻性制度少。（3）有些规章制度同法律法规相抵触，对学生的合法权益没有保障。（4）规章制度制定不规范，缺乏深入调研、法律专业审查、民主参与程序、必要的通过程序。（5）规章制度内容不够公平合理，内容不切实际、政策倾斜过大、条件标准过高、权利义务不对等、处理轻重不适当。（6）规章制度内容陈旧，在个别高校沿袭计划经济和精英教育时代时的规章制度，往往出现"规章真空"或"制度失灵"的现象，"规章真空"是指随着时代的发展，人们的价值观和行为模式的转变，原有规章制度已不适应新时代的发展，也不能起到应有的激励约束作用，但又没有及时出台相应的规章制度。"制度失灵"则是指原有的规章制度失去应有的约束能力，不再具有约束行为主体行为的效能，而又没有随着时代发展变化建立相应的规章制度或已建立但不具约束力，从而导致规章制度的过时性和无用性。（7）规章制度过分强调强制性的管理，缺乏文化内化的熏陶。单一强调硬性规章制度或以惩罚为中心的规章制度，片面依靠硬性管理、行政命令、惩罚为主的方式，让学生遵守规章制度，导致学生口服心不服，很难使规章制度内化为学生自觉遵守的行为规范，同时影响学校的信誉度，不利于学校的管理和教育，更不利于学生的成长成才。（8）规章制度形式不够科学规范，制度不讲究种类、形式混乱，用语不规范，标题不规范，行文不规范，格式不统一，日期表述不规范，制度文本没编号、滥用标点符号等。（9）规章制度落实监督和反馈体系不健全，规章制度的实施没进行有效的监督，效果如何没有及时的反馈，不利于公寓文化建设的顺利开展，制约公寓文化建设的发展。

　　总之，目前公寓文化建设需要结合实际，制定规范科学、切实可行、大家认同的管理制度，保障大学生公寓文化建设的健康持续发展。

三　隐性壁垒太强

意大利作家、诗人切萨雷·帕韦泽曾说："完美的行为产生于完全的无功利之心。"随着高等教育改革的深入，按照法律建立一个与公共财政制度相一致的教育财政体制，来保证教育资金投入的稳定增长，政府在教育上按照国民生产总值的4%进行经费投入，并持续增长。部分省按照生均、学科和学位点建设、科研平台建设等进行调节分配，学校为获得更多教育经费投入，在有限的空间内"无限"地扩张生源。走访发现，部分学校存在8人宿舍，且面积较小，导致人员拥挤，物品无法合理摆放。甚至有些公寓是20世纪四五十年代建造的，墙皮脱落、地面凹凸不平，部分学校由于公寓用房紧张，辅导员入驻公寓不能实现，与学生同吃、同住、同生活，言传身教、潜移默化的作用发挥不够。同时，党团组织进公寓没有实现，学生自我教育、自我管理、自我服务的积极性、主动性和主体性发挥不够。另外，公寓没有学生活动场所，学生的生活娱乐、兴趣培养、公寓文化传承等没有依附感。由于学校的重点放在加强学科和学位点建设以及科研平台建设，努力使学校"高端、大气、上档次"，但却忽略了对公寓文化建设的投入，对公寓文化在人才培养中的重要作用认识不到位，缺乏公寓文化建设的整体规划、长远发展和个性特色，导致大学生公寓文化"低端、俗气、非主流"。

高校后勤社会化的推进，不少高校成立了作为实体单位并以企业规则运行的后勤集团公司，专门负责学生公寓的管理和学生服务工作，为学生提供"旅馆"式服务。但是，部分后勤集团为追求利益最大化，几年不粉刷公寓墙体，灯管、窗户等其他设施损坏报修迟迟得不到解决，有些公寓公共洗手间打扫不及时、不彻底，走进公寓楼一股刺鼻的气味扑面而来。为了降低运营成本，聘请的公寓管理员基本上是退休职工或下岗职工，他们学历低、年龄大、待遇低，只能完成力所能及的事情，只管理不育人。

另外，后勤管理处是代表学校对后勤集团行使监督权力，但在实际运行中存在个别不作为、不敢为或不愿为现象，导致监管不力、工作不到位等情况。部分学校的学生工作部门没有通过辅导员进公寓对学生进行教育和管理，没有充分认识到宿舍是学校的细胞，只要每个细胞健康、稳定和谐，整个学校的学生就健康、稳定和谐。而且部分高校没有增强保卫部门人员和安全设施的配备，学生公寓成了财产损失的高发地。

总之，个别高校存在各个部门之间协调配合不够、各自为政、利益壁垒和多头设点的局面，造成管理、服务与教育两张皮，相互脱节，育人功能弱化甚至缺失。[①] 导致大学生思想政治教育工作不及时、不到位，甚至是空白、盲点，忽略了大学生公寓文化的育人功能。

四　监督措施不力

任何制度都是由人制定的，也是规范人的行为并让其来遵守的，但人的自觉行为还没达到一定程度时，监督的作用无比重要。可惜的是，有些公寓文化建设制度只停留在文件上、墙壁上、口头上。

领导重视不到位。上级有关部门对大学生公寓文化建设工作的重视程度不够，部分高校既没有把学生公寓文化建设工作在发展规划、政策制定、中心工作中很好地贯彻落实，也没有把学生公寓文化建设工作放在与教学科研、学科建设、人才引进等同等重要的地位。甚至有些人认为高校应该以教学科研为重，其他工作纯粹是务虚，只是党群部门、后勤管理处、后勤集团、保卫处等部门的工作。

政策落实监督不到位。虽然国家及各省在制定相关文件时，都把大学生公寓文化建设作为重要内容提出来，甚至专门制定文件，积极推动和促进大学生公寓文化建设工作的健康发展。但是，在实际操作中往往很难落实，主要因为部分高校的后勤集团、后勤管理处、学生处、校团委、保卫处、院系等相关部门没有形成通力合作

---

① 洪旭亚：《高校学生公寓文化建设探析》，《中国经贸导刊》2009 年第 13 期，第68 页。

的协调机制，致使协调督促缺位，贯彻落实不力。

经费保障监督不到位。部分高校学生公寓文化建设工作从未列入学校专项经费预算，学生公寓文化建设活动经费很少，甚至没有。随着高校的不断扩招，由于资金投入缺口太大，导致部分公寓严重超员，应为四人一间的宿舍住进了六人甚至八人。个别学校为了节约经费，把网线设置在进门的位置，学生为了方便，自己购置网线从端口拉到自己适合的位置，走进宿舍就好像进入蜘蛛网似的笼子里。

队伍建设监督不到位。引进公寓管理人员程序渠道监管不到位：（1）公寓管理人员不够专业，缺少一支高素质的文化建设队伍，有的是校内转岗的，有的是引进人才家属随调的，有的是部队转业安置的，有的是人情关系塞进的等。（2）公寓管理员能力不高，大部分是临时工、合同工，年龄偏大，学历低，思想素质不高，文化水平较低，服务能力欠佳，与学生代沟大，角色定位不准，缺少人性化的服务理念，没有受到很好的、系统的岗前培训，不了解学生的特点、合理的诉求以及学生的发展规律，导致管理人员素质不能满足学生的成长需要，因此，工作也得不到大多数学生的认可，无疑阻碍了公寓"育人"功能的发挥。

第三节　大学生公寓文化建设的环境影响

网络技术的迅速发展，社会变革的推进，高等教育的改革等，不断推进着大学生公寓文化建设的发展，同时也影响和制约着公寓文化建设，目前，与上级的要求、家长的期盼、大学生成长成才的需要相比，还存在一定的差距，我们要始终保持清醒的头脑，要有忧患意识、问题意识。

一　社会环境的影响

西方敌对势力的影响。高校作为国内外社会思潮聚集和交汇的前沿阵地，是西方敌对势力实施西化、分化图谋的重点领域，他们利用互联网等途径，发布一些反动、消极言论，对我国大学生进行思想上的腐蚀和诱导，试图竭力同我们的党和政府争夺大学生。①他们利用宗教等手段对我国高校的渗透加剧，对大学生的影响程度不断加深，使得部分学生对西方的经济文化、社会制度产生盲目崇拜。当前我国正处在发展机遇期、矛盾凸显期，经济体制深刻变革、社会结构深刻变动、利益格局深刻调整、思想观念深刻变化，一些人由于缺乏理性认识，产生了失衡、失落、恐慌等不良心理，并通过网络放大，这些也必然会折射到校园，影响到大学生群体。因此，高校意识形态工作比以往任何时候都更加重要，高校抵御各种错误思潮的工作比以往任何时候都更加突出。

经济全球化的影响。全球化是当今世界发展的主要趋势，正改变着整个世界。全球化不仅包括经济、政治全球化，更是思想文化的全球化。因此，全球化对当代大学生思想的影响必将是整体和全面的，又是复杂而多变的，既有积极的一面，又有消极的因素。因此，为大学生的思想政治教育带来了机遇，也提出了挑战。我国的大学生思想政治教育带有浓厚的中国特色，虽然有着光荣的历史传统，但经济全球化不管从主观还是客观上，也必然对当前大学生的思想政治教育产生一定的消极影响。

社会矛盾凸显的影响。伴随着我国改革开放和市场经济的不断深入，高等教育改革的不断深化，新的社会意识不断浮现，我国社会环境发生了巨大变化，人们的生活方式发生重大转变，传统的价值观念和道德准则受到强烈冲击，我国经济社会文化走向多元化，这必然导致大学生思想观念和价值取向发生深刻变革。同时，我国现阶段正处于矛盾的凸显期，社会上一时存在的贫富分化、干部腐败、下岗失业、物价上涨、分配不公等现象，使在校园里传授的美好理想受到挑战，使大学生产生疑惑，进而信念动摇，甚至放弃。因此，如何通过公寓文化的教育和熏陶，帮助大学生正确分析现实存在的问题，是大学生思想政治教育的重要环节。

---

① 沈国全：《思想政治教育环境论》，复旦大学出版社 2002 年版，第 160 页。

二　网络环境的影响

网络新媒体的影响。随着现代信息技术的迅猛发展，新媒体已经成为当代大学生获取信息、沟通交流的主渠道，调查发现学生主动占领网络渠道和空间的能力逐渐增强，获取信息的途径多样化。具体表现为大学生利用网络搜索信息、查阅资料，了解新闻，观看影视作品，聊天或交友，下载课件资料、提交作业，参与网上讨论，玩游戏，收发邮件，撰写个人博客、微博和进行电子商务活动等，所占的比例分别是：72.60%、65.50%、46.46%、41.68%、16.04%、15.98%、14.10%、11.64%、10.68%、4.85%。但由于网络的虚拟性和隐蔽性，传播的信息鱼龙混杂、良莠不齐，而大学生正处在世界观、人生观和价值观形成的关键时期，很容易接受新事物、新观点，但也易于受到不良信息的负面影响。而且，大学生对新媒体的依赖程度不断加深，出现"手机控"、"微信控"、"微博控"等现象，调查发现41.93%的大学生认为"沉迷网络游戏"现象非常普遍和比较普遍，这都影响大学生正常的学习生活，不利于其身心的健康发展。同时，网络、新媒体的普及对传统的思想政治教育模式产生巨大冲击，使其逐渐陷入僵化、乏力的局面。

因此，如何主动占领公寓网络思想教育阵地，增强大学生思想政治教育的针对性和实效性，牢牢把握大学生思想政治教育的主流话语权，实现师生之间网上网下无缝对接，现实虚拟"零距离"，缩短师生之间的距离，营造师生之间的和谐，引导学生树立正确的上网观念，鞭策学生勤奋好学、团结友善、遵纪守法和健康向上，是当前高校大学生思想政治教育工作面临的重大挑战，也是大学生公寓文化建设面临的新课题。

三　教育环境的影响

高等教育大众化的影响。随着我国高等教育改革的深入，高等教育规模扩张，思想政治教育工作队伍的编制未随着大学生的增多而扩大，致使大学生思想政治教育工作队伍不堪重负，导致现有工作人员无暇顾及公寓文化建设。此外，学分制和弹性学分制的实行给大学生思想政治教育提出了更高的要求，高等教育大众化以及收费背景下家庭经济困难学生群体、心理健康教育等都对大学生思想政治教育工作提出了新要求，也为大学生公寓文化建设找准了突破口。

高校后勤社会化的影响。学生公寓社区化的实行，使大学生的生活、学习模式发生了相应的变化，也给大学生思想政治教育提出了新挑战，如何使不同家庭、不同区域、不同民族的大学生和睦相处，成为思想政治教育工作者急需思考和解决的问题，也为大学生公寓文化建设找到了新载体。

育人合力未形成的影响。部分高校没有正确理解"立德树人"这一根本任务，对"培养什么人，如何培养人"这个根本问题缺乏深刻认识。思想政治理论课教学与日常思想政治教育互动不足，课堂理论教学与课外实践教学结合不紧，部分教师存在只教书不育人的问题，个别教师职业道德、职业规范呈现下滑趋势。当前在校大学生多为独生子女，由于受父母知识水平、社会阅历、家庭背景等多方面的影响，大学生家庭教育呈现不同类型和特点，家庭教育在大学生成长过程中的滞后性，对大学生的思想形成产生了重要影响。另外，个别学生家庭经济困难、父母离异、父母伤亡或者父母不和，影响了大学生健康心理、思想的形成。

大学生自身特征的影响。处于青春期的大学生思想和心理还不够成熟，对社会认识不深，学生以自我为中心，抗挫折能力差，热情多于理性，面对学习、就业压力增大，易产生迷茫、苦闷、压抑等应激反应，影响思想稳定。另外，社会的进步、科技的发展为大学生的学习生活创造了优越条件，大学生的整体素质确实有较明显的提高，但是个别大学生的思想政治素质却没跟上时代的发展。调查显示：相当一部分大学生对自己的学习状况感到不是很满意，对自身存在的问题也不回避。只有52.96%的大学生对自己的学习状况感到非常满意或比较满意，52.25%的大学生有逃课，上课迟到，上课期间做与课程无关的事情，如发短信、看小说、睡觉等现象。

另外，高校外部环境氛围仍需优化，校园周边环境有待整治，社会舆论环境有待改善，文化娱乐不良影响有待消除，全社会育人合力的形成还需再下功夫等。这些消极因素的产生，势必影响大学生公寓文化建设以及公寓文化作用的发挥，也为大学生公寓文化建设提出了新要求和新挑战。

四　传统文化被弱化

习近平说：学史可以看成败、鉴得失、知兴替；学诗可以情飞扬、志高昂、人灵秀；学伦理可以知廉耻、懂荣辱、辨是非。2013年，习近平在中央党校 80 周年校庆发表重要讲话时强调，中国传统文化博大精深，学习和掌握其中的各种思想精华，对树立正确的世界观、人生观、价值观很有益处。习近平在山东考察曲阜孔府和孔子研究院，同专家学者座谈时强调：一个国家、一个民族的强盛，总是以文化兴盛为支撑的，中华民族伟大复兴需要以中华文化发展繁荣为条件。对历史文化特别是先人传承下来的道德规范，要坚持古为今用、推陈出新，有鉴别地加以对待，有扬弃地予以继承。另外，习近平在全国宣传思想工作会议上，提出"四个讲清楚"："宣传阐释中国特色，要讲清楚每个国家和民族的历史传统、文化积淀、基本国情不同，其发展道路必然有着自己的特色；讲清楚中华文化积淀着中华民族最深沉的精神追求，是中华民族生生不息、发展壮大的丰厚滋养；讲清楚中华优秀传统文化是中华民族的突出优势，是我们最深厚的文化软实力；讲清楚中国特色社会主义植根于中华文化沃土、反映中国人民意愿、适应中国和时代发展进步要求，有着深厚历史渊源和广泛现实基础。"① 2013 年 12 月，中共中央办公厅印发《关于培育和践行社会主义核心价值观的意见》指出：要"发挥优秀传统文化怡情养志、涵育文明的重要作用。中华优秀传统文化积淀着中华民族最深沉的精神追求，包含着中华民族最根本的精神基因，代表着中华民族独特的精神标识，是中华民族生生不息、发展壮大的丰厚滋养"；要"建设优秀传统文化传承体系，加大文物保护和非物质文化遗产保护力度，加强对优秀传统

---

① 习近平：《胸怀大局　把握大势　着眼大事　努力把宣传思想工作做得更好》，《人民日报》2013 年 8 月 21 日。

文化思想价值的挖掘，梳理和萃取中华文化中的思想精华，作出通俗易懂的当代表达，赋予新的时代内涵，使之与中国特色社会主义相适应，让优秀传统文化在新的时代条件下不断发扬光大"。

但事实上，目前大学生更注重科学性、时代性的文化精神的教育和培养以及创新精神、竞争意识和时效观念的磨炼，而对传统文化往往是另眼看待，把"传统"的看作是过去的、过时的、陈旧的，应该摈弃。2011 年，汤耀平对广东 10 所高校调查发现，"90后"大学生对传统文化认知还不深，接受心态也不太积极。[①] 2013年，王勇对河南高校调研结果表明，目前大学生传统文化知识意识薄弱、传统美德意识淡化、传统文化责任意识缺乏等。[②] 所以，应加强大学生对中国传统优秀文化的学习，学以立德、学以修身、学以增智、学以长才，陶冶情操、升华境界、活跃思维、提高能力，也势必促进学生对人、对事、对社会、对自然的深入思考，使学生乐于奉献，勇于探索，增强责任。

五　庸俗文化抢空间

大学生的世界观、人生观和价值观还没有完全形成，缺乏辨别是非的能力，个别大学生往往容易受外来腐朽思想的影响和侵袭，滋生个人主义、拜金主义、享乐主义等腐朽价值观，自私自利、金钱至上、贪图享乐，尤其多元文化对集体主义价值观形成的冲击，理想信念发生了动摇。很多高校把学生公寓管理的重心放在日常杂务的管理上，只关注公寓管理的表层，如卫生检查、作息时间管理、设施维护等方面，而轻视精神建设、文化建设，忽视了对大学生内心精神世界的探索和熏陶。公寓文化活动仅处于低层次的打扑克、打游戏、打麻将、斗地主、看影碟等，有的陷入"网恋"的泥沼难以自拔，也有的为影碟、网站里的色情、凶杀、暴力所吸引。由于学生公寓文化建设相对滞后，加之学生受到诸多社会因素和自

---

① 汤耀平：《"90后"大学生对传统文化的认知和态度》，《思想教育研究》2011年第 6 期，第 85—88 页。

② 王勇：《大学生传统文化意识现状调查研究》，《教书育人》2013 年第 2 期，第6—7 页。

我因素的困扰，致使公寓里不和谐的现象也层出不穷。

低俗的公寓文化，表现为公寓成员生活作风慵懒涣散、精神颓废、意志消沉、不求上进、得过且过，那些低俗之风充斥的学生宿舍导致学生精神空虚、百无聊赖，进而在公寓内酗酒、赌博，发泄情绪，导致学生缺乏社会公德，乱吐乱扔，不文明、不礼貌、不讲信用，在公寓内大声喧哗，拉帮结派，个人习惯难以融入集体生活，与人争吵，甚至长期"冷战"、谩骂、打架、斗殴，轮流值日形同虚设，公寓发生内盗、私拉乱扯电线、违规使用电器、浪费水电资源、损坏公共物品和不尊重公寓管理人员等现象，心理承受能力低、人际交往水平差、生活自理能力不足，甚至有的学生为此服毒自尽、跳楼自杀等。

总之，这些庸俗文化已悄悄渗入公寓文化的肌体，严重侵蚀着学生的身心健康，同时，给公寓文化带来了负面效应，也阻碍着大学生公寓文化建设的发展。

第三章

大学生公寓文化
建设的目标

大学生公寓文化建设与学生发展之间的关系，不仅仅是"影响"与"被影响"或"制约"与"被制约"的单向度的功能关系，而是相互作用、相互规定和相依相生的双向建构的功能关系。① 所以，公寓文化建设要做到具有科学性、系统性和传承性，必须有明确的发展目标。通过公寓文化建设，不但实现公寓制度规范化、管理精细化、教育纵深化和服务人本化，② 而且要丰富校园文化建设，浓郁校风、教风、学风，同时深化社会主义核心价值观教育，实现大学生自由而全面发展，为中国特色社会主义培育建设者和接班人，促进中华民族伟大复兴的中国梦早日实现。

第一节　加快大学生公寓文化
建设的科学化

布鲁贝克说："高等教育的目标是培养全面发展的有价值的人。"③ 扈中平指出："培养人是教育的立足点，是教育价值的根本所在，是教育的本体功能。"④ 所以，大学生公寓文化建设制度的规范化体现在公寓文化顶层设计合理化和育人功能发挥最大化，管理

---

① 李继兵：《大学文化与学生发展关系研究》，博士学位论文，华中科技大学，2006年。

② 何腾念：《构筑学生公寓人本文化》，《贵阳日报》2005年8月30日。

③ ［美］布鲁贝克：《高等教育哲学》，郑继伟等译，浙江教育出版社1998年版，第56页。

④ 扈中平：《教育目的论》，湖北教育出版社2004年版，第32页。

精细化体现在目标精准和程序科学，教育纵深化体现在满足学生现实的需要和未来持续发展需要，服务人本化体现在工作的精细和学生的利益诉求上。

一 推进公寓文化建设的制度规范化

邓小平指出："制度好可以使坏人无法任意横行，制度不好可以使好人无法充分做好事，甚至会走向反面。"[①]制度本身具有客观性、普适性、强制性、权威性、相对稳定性、规范性、导向性、历史性、秩序性、预期性等特征，具有激励、约束、整合、规导、保障、惩戒等功能，在提高效率和维持秩序方面具有独特的价值。制度制定的科学化、制度设计的合理化和制度功能的优化是解决问题、提高效率、激发动力的关键，如果制度制定不科学，那么制度执行就达不到预期目的。

要遵循制度创新、制度稳定、制度分层和制度效能的特点，建立健全一套结构合理、配置科学、程序严密、激励约束有效的运行机制和监督机制，加快大学生公寓文化建设。（1）领导必须高度重视大学生公寓文化建设制度的价值，在制度设计过程中按照上级的要求，结合学校实际和学生特点，树立科学的制度意识，优化制度创新，增强制度效能，达到科学、民主的制度安排，增强学习制度、执行制度和维护制度的自觉性。通过科学严格的制度规范，保证各项工作有章可循、有规可依，有效运行并达到科学化，从而充分调动各级党组织的积极性、主动性和创造性，保障制度主体树立全局观念、整体思想和长远考虑，而不是只顾局部、个体和眼前利益，充分尊重大学生在公寓文化建设中的主体地位，发挥大学生在公寓文化育人中的主体作用。（2）加强大学生公寓文化制度体系建设，保证制度稳定、制度创新、制度层级和制度效能等各个要素之间的完整配套和有机协调，既避免制度的重复建设，又填补制度的漏洞，并及时清理一些过时的制度，以防制度之间的相互掣肘、相互制约、相互障碍。（3）按照高标准、高要求建设大学生公寓文化

---

① 《邓小平文选》第 2 卷，人民出版社 1994 年版，第 333 页。

制度，使制度带有根本性、全局性、稳定性、长期性和先进性，发挥辐射、带动、示范和引领作用。（4）增强大学生公寓文化建设制度与校园文化制度与《中共中央、国务院关于进一步加强和改进大学生思想政治教育的意见》（中发〔2004〕16号）、《教育部关于切实加强高校学生住宿管理的通知》（教社政〔2004〕6号）、中共中央办公厅印发《关于培育和践行社会主义核心价值观的意见》等文件精神的耦合度，同时突出学校特点，展示学校风采，彰显学校文化实力。（5）制定适度的激励制度，通过一套理性化的制度来反映激励主体与激励客体相互作用的方式和方法，充分调动所有参与大学生公寓文化建设人员的积极性、主动性和创造性，形成内聚力，增强向心力，提高执行力，促进大学生公寓文化建设的繁荣发展。

二　促进公寓文化建设的管理精细化

精细化管理是由日本企业在20世纪50年代提出的一种管理理念，在我国早已提出细节决定成败的理念。"细"是精细化的必然途径，"精"是精细化的自然结果，不管何种企业、哪家单位，如想在日益激烈的竞争中立于不败之地，离开精细化管理，无异于缘木求鱼，大学生公寓文化建设也不例外。

实施精细化管理是公寓文化内涵发展的价值取向，精细化管理的思想引领原则、目标导向原则、科学规范原则、层层负责原则、民主参与原则、情感催化原则、科学评价原则、激励机制原则是一个有机的整体，保证精细化管理以人为对象、以人为主体的根本目的。管理精细化就是落实管理责任，将责任目标明确化、具体化、主体化，由"他律"向"自律"转变、由"要我管理"向"我要管理"转变、由"要我负责"向"我要负责"转变，形成纵到底、横到边、事事有人管、人人有专责、处处有管理、事事见管理、件件有成效的氛围。管理精细化要层层完善、机体健康、系统流畅、权力层层有、任务个个担、责任人人负，在日常管理中重设计、重长远、重细节、重过程、重落实、重监督、重质量、重效果，关键要在"细化"、"务实"、"精致"上下功夫，体现在"细"字上、落实在"实"字上、成效在"精"字上。因此，"精细"是一种创新意识、一种认真态度，是一种良好习惯、一种精神境界，一种精益求精文化，每一个步骤都要精心，每一个环节都要精细，每一项工作都要精品，树立精心是态度，精细是过程，精品是成绩的理念。

管理精细化要坚持以人为本，体现人文关怀，做到精心管理、贴心服务、用心育人，不断提高管理水平。在教育背景、生活方式、家庭环境等方面不同的教师和学生，对他们实施统一、呆板的管理服务是行不通的，要借助于精细化管理，明确公寓文化建设工作人员的责任，培养他们爱岗敬业、乐于奉献的精神，激发他们科学管理和服务育人的热情。另外，在感情上尊重公寓管理人员，信任他们和理解他们。在工作上实施目标激励、岗位激励和荣誉激励，激发他们发挥自身潜能，提高工作效率。

总之，在精细化管理中寻求服务质量的提升，以管理的精度谋求教育质量的高度，以管理的精彩来成就教育的风采，从而追求公寓文化育人的最大化，以实现校园文化和社会先进文化的繁荣发展。

三　提升公寓文化建设的服务人本化

人本化教育也被称为人本主义、人文主义等，来源于拉丁文的"Humanitas"，英文为"Humanism"，最早起源于古希腊时期。"古希腊文明的特点及其最吸引人的地方之一，是不以神为中心，而是以人为中心，把对人的关注放在第一位，蕴含着明显的人文精神和人文理想。"① 自从 20 世纪六七十年代人本化教育理念在美国盛行后，重视人的个体性价值、强调受教育者个体的主导地位、追求生命个体的个性解放为主的一股教育思潮开始风靡全球。人本化教育理念尊重个体的生命价值，提倡人性向善，关注个体内在潜能的发掘，苏联著名教育实践家和教育理论家苏霍姆林斯基指出："教师要善于在每个学生面前，甚至是最平庸的、在智力发展上最有困难

---

① 李明德：《西方教育思想史：人文主义教育之演进》，人民教育出版社 2008 年版，第 6 页。

的学生面前，都向他打开他的精神发展的领域，使他能在这个领域里达到顶点，显示自己，宣告大写的'我'的存在，从人的自尊感的泉源中汲取力量，感到自己并不低人一等，而是一个精神丰富的人。"①

　　大学作为知识的生产者、批发商和零售商，摆脱不了服务的职能。②公寓作为大学的重要组成部分，也是如此。公寓文化建设的重要职能就是服务人本化，把尊重人、关心人、服务人、依靠人和发展人作为目标，始终把学生的全面发展放在第一位，其着眼点主要是满足学生的合理要求，从而调动学生的积极性和能动性，让每一个学生在受教育中都达到他力所能及的成就，使得所有的教育活动都能培养自我完善、自我生成、自我实现的全面发展的学生。服务人本化理念下的公寓文化建设应从以下两个方面着手：（1）牢固树立人本化的服务理念。公寓文化建设管理人员必须转变观念，牢固树立人本化的服务理念，把学生真正当作服务的主体和中心，实现科学化和人本化，体现民主、平等的精神。③由奴化的教育转向自主的教育，由灌输转向对话与指导，由整齐划一、模式化转向多样化、个性化，由物化的教育转向人格化的教育，由决定性、顺从性的教育转向选择性、创造性的教育等，④用发展、辩证的眼光看待每一个学生的优缺点，承认和张扬学生的个性，让学生有不同程度的自主权和选择权，培养学生的探索精神和创新能力，在文化熏陶中养成良好的行为习惯，形成积极的心理定势，构建健全的人格。（2）营造人本化的公寓环境。为学生提供优美的学习和生活环境是学校责无旁贷的义务，也是学生享有受教育的权利。在加强公寓文化软硬件建设方面，要坚持实用性和观赏性相结合，注重人性关怀，以学生赏心、悦目、便利、顺畅、实用为目的。另外，在活

---

① 《苏霍姆林斯基选集》第 1 卷，教育科学出版社 2001 年版，第 94 页。
② Wilkins, E. H., *Response to a Conference Speech* (Ed.), New York University Press, 1933, p. 85.
③ 张宏雷、冷文勇、刘雪辉：《高校人本化学生管理模式研究》，《中国电力教育》2011 年第 10 期，第 168—170 页。
④ 权云霞：《学生教育要注重人本化》，《甘肃日报》2007 年 5 月 30 日。

动环境营造上，要坚持以科学发展观为指导，以社会主义核心价值体系为内容，以重大节日为契机，以丰富多彩、健康向上的公寓文化活动为载体，引导大学生从思想上、活动中不断充实和提高，促进大学生的全面发展。

四　推动公寓文化教书育人的纵深化

建设良好的育人环境是服务学生成长发展的基本要求和根本保障，要强化公寓文化的育人功能，弘扬优秀文化，必须建设体现公寓特点、学校特色、时代特征的公寓文化，满足学生的精神文化需要，营造良好的育人环境。大学生公寓文化建设的目标是育人，因此，要把大学生的成长发展作为大学生公寓文化建设工作的出发点和切入点、着力点和落脚点，为学生的健康成长和未来发展提供优质专业的服务，不断提高学生公寓文化建设工作的针对性、实效性。既要满足于学生现实发展的需要，又要满足学生未来持续发展的需要，促进学生的可持续发展；既要满足于大学生个体成长发展的需要，又要满足于实现中华民族伟大复兴的中国梦对人才的要求，促进大学生在自身成长发展的同时为社会发展做出更大的贡献。①

中华民族历来重视人的德育培养，《左传·襄公二十四年》记载"太上有立德，其次有立功，其次有立言，虽久不废，此之谓不朽"，意思是人生最高境界是立德、立功、立言，有道德理想，有事业追求，能建功立业，有知识思想、能著书立说，也就是现在的做人、做事、做文。《管子·权修》记载："一年之计，莫如树谷；十年之计，莫如树木；终身之计，莫如树人。"这段话表明我们的先贤已充分认识到培养人才是长远之计。党的十八大报告明确指出：把"立德树人"作为教育的根本任务。立德树人抓住了教育的本质要求，明确了教育的根本使命，指明了教育的目标任务。（1）着眼于学生健全人格的培育。温家宝说：没有爱就没有教育，教育是心灵与心灵的沟通，灵魂与灵魂的交融，人格与人格的对

① 吴自斌：《大学生思想政治教育工作定位》，《光明日报》2010 年 10 月 5 日。

话。关注学生的内心世界，塑造学生纯真完美的心灵，培养学生积极的发展性心理品质和乐观向上的优秀品格，学会创造幸福，分享快乐。（2）着眼于学生的个性发展。要尊重教育规律和学生身心发展规律，为每个学生提供个性服务，满足每个学生的合理利益诉求，促进每个学生都主动地、生动活泼地发展，人人都能成才。（3）着眼于学生全面发展。近年来，国家以国家观念、国情意识、国家安全和国家自强等内容为重点，开展国家意识教育，引导学生树立"中国心"。以民族语言、民族历史、革命传统和人文传统等内容为重点，开展文化认同教育，帮助学生传承"民族魂"。以诚信守法、平等合作、勤奋自强等内容为重点，开展公民人格教育，培育学生做好"现代人"。把国家意识、文化认同、健全人格教育有机统一起来，促进学生的全面发展。

第二节　强化大学生公寓文化浓郁学校风气

《辞海》解释"风气"为"社会上或某个集体中流行的爱好或习惯"。在高校里形成的"风气"通常是校园文化体系中一种载体，它以无形的感染力、凝聚力和控制力，规范、引领着师生的思想行为，外化为生动的人文景观，营造出独特的校园文化。大学生公寓文化是校园文化的重要组成部分，对校园风气和文化的形成、积淀、传承和发扬起着至关重要的作用。

一　公寓文化营造公寓风气

蔡元培先生曾指出："诸君须抱定宗旨，为求学而来。"高校是一个教育人、陶冶人、感染人、激励人、塑造人的地方。校园文化渗透着学校特色精神、积淀着学校传统风气、包含着学校长期形成的校园风格，对大学生的人格塑造起着重要作用。而学校风气是影响校园文化的核心因素。

宿舍是学校组成的基本结构和功能单位，是大学生朝夕相处的生活场所、思想碰撞的平台、情感交流的阵地、思想政治教育的载体。常言道:"孝子争孝、忤子争逆",一个家庭里如果有一个孝子的话,那么其他的孩子就会争着孝顺自己的长辈,如果有一个逆子的话,那么孩子们就会比着忤逆。[①] 所以,良好的宿舍风气对宿舍成员精神的影响意义更加深远。积极、健康、舒适、和谐、高雅、文明的宿舍风气,有助于大学生增强心理素质,树立正确的集体观和道德观,增强社会责任感和使命感,加强自我约束力和控制力,从而引导学生树立正确的世界观、人生观、价值观,提高学生的思想情操与认知水平。同时,来自不同家庭环境、文化背景、价值观念、民族习惯、信仰追求的学生在宿舍频繁流畅地交流探讨,相互碰撞、相互影响、相互促进、相互融合,形成独特的宿舍文化。他们又常常以宿舍群体的价值标准去评价、衡量周围成员的认知行为,从而不断提高自己的认知能力。另外,学风建设也是宿舍文化的核心内容,宿舍成员之间互相激励、互相促进、互帮互学的氛围,在宿舍内就能孕育良好的学风,对于促进学校的学风起着积极的作用。

如果每个宿舍的风气都是积极的、健康的、向上的、高雅的,就形成了一个宿舍带动一个楼层,一个楼层带动一幢楼的联动辐射网络的局面。除每个宿舍、每栋楼具有良好风气外,公寓园区风气的形成,还需要重视公寓管理员的素质、能力提升,帮助公寓管理员从管理到服务的转变,使公寓文化具体化、人性化、和谐化。同时,重视公寓园区的绿化、美化、亮化和人文环境建设以及公寓园区生活、学习、实践活动场所的配套,使每一个楼宇、每一面墙壁、每一条走廊、每一棵花草、每一个角落,甚至弥漫在公寓园区的空气都散发着积极健康向上的气息。

实际上,宿风、楼风是公寓园区风气的反映,公寓园区风气影响宿风、楼风的形成,宿风促进楼风。因此,寓风、楼风、宿风相互影响、相互促进、相辅相成,它们有利于班风的形成,最终有利于优良校风的形成。

---

① 曾慧:《从视角互换谈大学生宿舍文化建设》,《商业经济》2013 年第 1 期,第110—112 页。

二　公寓文化熏陶班级风气

大学生公寓文化影响着学生的思想观念和价值判断，促进着学生的健康成长和人格发展，他们的思想行为也影响着身边的人和周围的环境，同样，他们从同一公寓走进不同班级，也影响着班风的形成和班级文化的建设。

班级是大学生的基本组织形式，是大学生自我教育、自我管理、自我服务的主要组织载体。要着力加强班级集体建设，组织开展丰富多彩的主题班会等活动，发挥团结学生、组织学生、教育学生的职能。[①] 任何组织或集体的建设与发展，都离不开文化的支撑和引领，班级建设也是如此。

班级文化是班级气质和班级修养的综合体现，以及由此而形成的、独特的能够为全体班级成员认可和坚持的价值观、思想作风、行为准则、学习风气、学习环境的总和。[②] 班级文化的核心是班级精神和价值取向，直接影响到班风建设，因此，应精心凝练优秀班级先进文化，发挥班级先进文化的辐射、扩散效应。

班风是班级文化的核心，是校风、学风在班级的具体浓缩和生动体现，是指一个班级的精神面貌，是内在与外在的共同表现，由认知、情感、意志等多种因素构成，是经过长期、细致的教育和严格的训练，在全班逐步形成的一种行为风气。良好的班风是体现一个优秀班集体最典型、最集中、最直接、最基层、最具体的载体，对学生能起到熏陶、感染乃至激励的作用，是一种无形的、巨大的教育力量。同时，良好的班风为班级学生的成长、发展提供了一种有效的动力和压力，为学生的学习提供了一个不可或缺的优良环境，也体现了一个班级的创新力和凝聚力，使班级里人与人之间形成亲切和睦、互助互爱的氛围，培育学生勤奋进取、文明礼貌、遵规守纪、爱护集体、团结友爱的集体荣誉感和精神状态。

苏联教育家马卡连柯曾说："教师的个人榜样，乃是使青年心

---

① 《关于进一步加强和改进大学生思想政治教育的意见》（中发〔2004〕16号），2004年8月26日。

② 冯刚、柯文进：《高校校园文化研究》，中国书籍出版社2011年版，第215页。

灵开花结果的阳光。"公寓辅导员要积极发挥指导、引领作用,大胆探索,不断创新,用自身的世界观、人格魅力、文化修养等潜移默化地影响学生。加强公寓组织建设,构建学生公寓党支部、团支部、宿舍建设"三位一体"模式,充分发挥各自作用形成合力,熏陶学生成长成才。完善公寓管理制度,保障学生健康成才,只有制度约束严格,才有良好的公寓秩序;只有奖惩措施恰当,才能鼓励先进,杜绝违纪。突出公寓主题文化活动,积极创新思路和举措,把文化活动作为大学生思想政治教育的重要阵地,不断深化文化活动的育人功能。充分发挥先进典型的示范作用,激励大学生在成长中崇尚先进、见贤思齐,形成学生党员带学生干部、学生干部带宿舍长、宿舍长带本宿舍学生,各宿舍学生影响全体的工作格局,有力地促进全体学生健康成才,推动形成"班风正、学风盛、聚力强"的优秀班级风气,从而推动年级风气、学院风气的形成,进而促进校风的浓郁。[1]

三 公寓文化丰富学校风气

教风、学风、寓风是校风的反映,校风影响着教风、学风和寓风,而教风、学风、寓风相辅相成、互相促进,最终形成校风。校风是学校发展的精神引领,反映一所学校具有的比较稳定的状态和行为风尚以及全校师生共有的情绪、理想、愿望和行为习惯等因素的显性标志,学风和教风是校风最集中的体现。校园文化总体反映一个学校的文化品位和精神风貌,要紧密结合学校历史传统、未来发展趋势和师生的精神面貌、文化需求,以校训为核心,以校风、教风、学风为切入点,引导广大师生弘扬主旋律,突出高品位,努力形成思想解放、理念先进、氛围浓厚、学风优良、校园环境优美、情趣高雅、文化繁荣、富有创新活力的校园文化,不断增强学校的凝聚力、创新力和竞争力。

大学生公寓文化是校园文化的亚文化,是校园文化的重要组成

---

① 王纬:《公寓文化建设是加强公寓管理的切入点》,《甘肃高师学报》2001年第1期,第110—112页。

部分，对校风、教风和学风的形成起着重要的推动作用。校风好，教职员工往往是追求真理、学术诚信、师德高尚、业务精良、爱岗敬业、乐于奉献、教书育人、率先垂范，担当起人类文明知识的传播者、学生思想道德的启蒙者、美好心灵的塑造者。学生往往是勤奋踏实、诚信严谨、持之以恒、勇于创新、朝气蓬勃、奋发向上、尊敬老师、个性张扬、全面发展，担当起先进文化的传承者、社会主义核心价值观的实践者、中国特色社会主义事业的继承者。"学风"，最早源于《礼记·中庸》，即是"广泛地加以学习，详细地加以求教，谨慎地加以思考，踏实地加以实践"。学风是建设良好校风的重要条件，是学生思想品质、学风精神与综合素质的集中体现，是学生成长的基础和前提，体现一所高校的办学理念、校风和大学精神，同时也是学校办学管理水平和治学态度的综合反映，它直接影响和决定人才培养的质量。而学风建设的主体是学生，[①] 核心是学生，目的也是学生，一切为了学生的全方位发展。因此，要充分调动和发挥学生的积极性、主动性，挖掘学生的潜能和培养学生的创造能力。在公寓文化建设过程中，大力开展以"中国梦"为主题的学风教育，强化学生的创新精神，积极探索"学习、科研、创新、学习"的创新型学习模式，以大学生创新性计划项目活动为基础，以"挑战杯"、"创业计划"大赛、"中国青少年科技创新奖"为重点，全面推进大学生科技创新活动，引导大学生自觉践行社会主义核心价值体系，凝聚智慧和力量，培养知识型、创新型、竞争型的学生群体，引领学生成长成才。

第三节　加强大学生公寓文化　深化学生思想政治教育

　　大学生是祖国的未来、民族的希望，是中国特色社会主义事业建设者和接班人。通过公寓文化加强大学生思想政治教育，其内容

---

① 程振华：《公寓文化环境的营造》，《中国高校后勤研究》2002 年第 6 期，第75—76 页。

必须满足社会的价值期待和符合具体国情，同时，实现学生个人价值。① 所以，引导大学生树立正确的政治观、道德观、生命观、发展观和消费观，是坚定中国特色社会主义道路自信、理论自信、制度自信的重要基础，是实现中华民族伟大复兴的中国梦的重要基石。

一　公寓文化锤炼学生的政治观

习近平在 2013 年五四青年节会见优秀青年群体时指出：历史和现实都告诉我们，青年一代有理想、有担当，国家就有前途，民族就有希望，实现我们的发展目标就有源源不断的强大力量。中国梦是历史的、现实的，也是未来的；是国家的、民族的，也是每一个中国人的；是我们的，更是青年一代的。中华民族伟大复兴终将在广大青年的接力奋斗中变为现实。我们党始终代表青年、赢得青年、依靠青年，始终重视青年、关怀青年、信任青年。我们必须努力把他们培养成为祖国建设的有用之才、栋梁之材。

政治观是人们对国家的政治关系、政治活动的根本观点。② 所以，加强大学生政治观教育，是大学生公寓文化建设的重要环节，也是大学生社会主义核心价值观教育的重要内容，大学生的政治观直接关系着高校人才培养质量，关系着中国梦的实现，更关系着祖国未来发展。因此，公寓文化建设应遵循以下几个方面加强大学生的政治观教育：

以"中国梦"的精神内涵作为大学生政治观教育的核心内容。目前社会价值多元化，其中拜金主义、享乐主义等，让少数青年混淆价值、迷失自我，抱怨没有施展空间，对现行道路产生动摇，或者无所事事、虚度光阴。在公寓文化建设过程中，坚定学生正确的政治立场，陶冶学生高尚的道德情操，培养学生热爱祖国、热爱人民、热爱党的高尚情感，增强学生的社会责任感和民族自豪感，激

---

① 刘云林：《思想政治教育内容的合理性探析》，《学校党建与思想教育》2009 年第 23 期，第 6—9 页。

② 陈万柏、张耀灿：《思想政治教育学原理》（第 2 版），高等教育出版社 2007 年版，第 182 页。

发学生对社会主义事业的极大热情，聚集学生信念的力量、精神的力量和行动的力量，以大学生的责任感和使命感汇聚青春的正能量，顺应时代潮流，自觉认同并沿着中国特色社会主义道路前行，将个人的梦想实现与中华民族伟大复兴梦想的实现紧密结合，以小我激发大我，积极投身于社会主义建设和实践中去，铸就更加辉煌的事业，为国家的繁荣昌盛、人民的幸福安康、中国梦的实现做出应有贡献。

以理想信念教育作为大学生政治观教育的重要内容。在公寓文化建设过程中，通过专题讨论、社团活动、演讲报告等形式，把社会主义核心价值体系有机融入校风、学风建设，融入重大事件的纪念或庆典活动中，发挥社会主义核心价值体系的引领作用，帮助大学生树立正确的理想信念，养成良好的行为习惯。通过纪念征文、知识竞赛、演讲比赛、歌咏会、主题实践活动等形式，帮助大学生不断加深对党的历史、党的知识、党的理论和路线方针政策的认识。公寓文化应注重加强对大学生进行马克思主义宗教观教育，用社会主义核心价值观武装学生，引导学生正确认识宗教的本质、根源。

以实践教育作为大学生政治观教育的重要途径。在公寓文化建设过程中，通过志愿服务、公益事业等实践活动，引导大学生走向社会、走进基层，使他们在与社会接触、与群众交往中，了解国情、了解民情，加深对社会的认识，在艰苦环境中砥砺意志，在实践锻炼中增长本领，在奉献祖国中成长成才，强化他们对社会价值观念和道德准则的了解和认识，培养优良的道德品质，促进正确价值观的形成，增强大学生的责任感、使命感，通过实践的检验和锻炼，使社会主义核心价值体系成为大学生坚定的内心信念，并转化为行为习惯，落实到日常行为之中。

二　公寓文化塑造学生的道德观

著名教育家陶行知先生曾指出："道德是做人的根本一环，纵然你有一些学问和本领，也无甚用处。否则，没有道德的人，学问和本领愈大，就能为非作恶愈大。"① 何谓道德观？《伦理百科辞典》对道德观的解释是："对社会道德现象和道德关系的整体认识和系统的看法，与人的价值观和人生观紧密相连。"道德观指人们对道德的根本看法，是人们的一种心理活动，自律是道德观形成的核心，他律是道德观形成的辅助，因此，道德观强调人们对道德规范的自觉遵守和对人的社会性的自我约束以及心理约束意识。实现中华民族复兴的中国梦，本质是对人才的需求，大学生道德观正确与否，直接关系到国家和民族的命运。胡锦涛在纪念中国共产主义青年团成立 90 周年大会上指出：青年从来都是开风气之先的力量，应该主动走在建设社会主义核心价值体系的前列，为开创社会新风发挥积极作用。广大青年一定要把正确的道德认知、自觉的道德养成、积极的道德实践紧密结合起来，提高品德修养，弘扬传统美德，倡导新风正气，用高尚的道德行为推动全社会文明程度的提高。

目前，由于受西方文化、高等教育大众化、宗教文化、家庭教育、网络文化、消费文化等诸多因素的影响，部分大学生表现出道德观念模糊、道德行为失范、道德情感冷漠、自我为中心、追求享乐、金钱至上、感恩及诚信缺失等现象。因此，大学生思想政治教育的主要目标是帮助大学生拥有积极、健康的人生态度，提高大学生的思想道德素质和文化素质，提高大学生认识世界和改造世界的能力。柯尔伯格强调高校德育教育的重要任务，一是注重培养学生的道德行为，二是提升学生的道德判断能力，并将二者有机结合起来。② 公寓文化建设是为大学生思想政治教育服务，道德观教育也是大学生公寓文化建设的重要内容，应着重从以下两个方面入手：

坚持用中国优秀传统文化塑造大学生的道德观。优秀传统文化是中华民族长期历史发展积淀的产物，具有强大的民族凝聚力。在当今多元文化的视域下，一定要拨开迷雾见明月，坚持以中华优秀

---

① 江苏省陶行知研究会、南京晓庄师范学校编：《陶行知文集》，江苏教育出版社 1997 年版，第 868 页。

② Susan R. K., Dudley B. W., *Student Services: A Handbook for the Profession* (Ed.), Published by Jossey-Bass, 1996, p. 177.

传统文化为根基，加强大学生爱国主义教育、理想信念教育、民族精神教育以及中国梦的内涵教育，不断增强传统文化的认同度，繁荣中国特色传统文化，增强中华文化的魅力和生命力。

　　坚持用社会主义核心价值体系引领大学生的道德观。要把培育和践行社会主义核心价值观融入大学生思想政治教育全过程，增强大学生价值观教育针对性和实效性，融入大学生公寓文化建设的全过程，使核心价值观影响像空气一样无所不在，充分发挥文化化人的功能，公寓文化活动是大学生培育和践行社会主义核心价值观的重要载体。以公寓文化活动为核心的隐性作用在人的情感等非智力因素的发展中有着潜移默化的作用，能使大学生在不知不觉中形成正确的道德观。

三　公寓文化树立学生的生命观

　　马克思指出："全部人类历史的第一前提无疑是有生命的个人的存在。"① 生命对于个体来说，具有自我价值，是人生存的根本，是一切活动的基础和前提。对他人和社会来说，生命具有社会价值，是社会存在和延续发展的前提。因此，人的生命是最宝贵的，应该珍惜。生命观是个体对生命及其意义的基本看法和根本观点，是世界观的一种。生命观反映社会的文明程度，是生活态度和生活理想的具体体现，包括生命认识、生命态度、生命价值和生命信仰。

　　目前，大学生主流对生命认识正确、生命态度积极、生命价值观健康、生命信仰科学，但是少数大学生心理承受能力、生命认知能力较弱，导致生命意识模糊、生命态度消极、生命行为失范、生命价值观有缺陷、生命信仰缺失，不仅给自己和家庭带来无法治愈的伤痛，也给社会造成无法平息的负面影响，更给国家造成不必要的人才损失。在公寓文化建设过程中，着重用以下几个方法加强大学生生命观教育：

　　第一，通过公寓文化活动，帮助学生树立正确生命观。生命是

---

① 《马克思恩格斯选集》第 1 卷，人民出版社 1995 年版，第 67 页。

人类生存的基础，只有生命存在，才能实现人生价值。在公寓文化活动中，让大学生体悟尊重生命、关注生命、保护生命、热爱生命、享受生命，不断地超越自己生命的意义，增强感恩文化教育，①感恩父母、感恩老师、感恩同学、感恩学校、感恩社会，包容理解身边的人，不仅要热爱自己的生命，也要热爱他人的生命。

第二，加强心理健康教育，培育大学生健全人格。马克思说："对不希望把自己当愚民看待的无产阶级来说，勇敢、自尊、自豪感和独立感比面包还重要。"② 教育是塑造人的灵魂的伟大事业，是心灵与心灵的沟通、灵魂与灵魂的交融、人格与人格的对话。培养大学生的发展性心理品质和乐观向上的品格，学会创造幸福，分享快乐。同时，关注学生的内心世界，塑造学生纯真完美的心灵。另外，加强学生心理辅导，注重对学习困难学生、贫困家庭学生、单亲家庭学生等特殊群体学生的关怀和帮助。③ 在潜移默化中，使学生认识到，人生的价值在于健康的人格、良好的心理素质、豁达的生活态度以及对社会的责任感等，引导他们全面平衡地追求并实现这些人生目标，从而将自身的发展要求与国家、社会、民族的发展目标有机地统一起来。

第三，增强生命体验性教育。狄尔泰认为"生命是一种结构，由认识、情感、意志三要素组成的"④，实践是检验真理的唯一标准，在实践中提高认识，在认识中体悟生命的真谛，增强大学生生命观教育的实效性和针对性，在实践中培养正确的生命观念、积极的生命态度，激发他们对知识的渴望和对人生的探索，尊重生命、欣赏生命，不断提升对生命价值和意义的感知力。

---

① Davis, L., *Cross-Cultural Communication in Action* (Ed.), Beijing: Beijing Foreign Language Teaching and Research Press, 2001, p. 18.

② 《马克思恩格斯全集》第4卷，人民出版社1979年版，第218页。

③ 赵新法：《立德树人——教育的根本任务》（http://dangjian. people. com. cn/n/2012/1203/c117092-19773912. html）。

④ 刘济良：《生命的沉思：生命教育理念解读》，中国社会科学出版社2004年版，第108页。

四　公寓文化端正学生的消费观

习近平指出："俭则约，约则百善俱兴；侈则肆，肆则百恶俱纵。"① 说明勤俭是我们的传家宝，什么时候都不能丢掉，在公寓文化建设活动中，要大力弘扬中华民族勤俭节约的优秀传统，要坚持积极、正确的消费导向，大力宣传节约光荣、浪费可耻的思想观念，努力使厉行节约、反对浪费蔚然成风。调查显示：90.27%的学生经济来源主要是家庭支持，52.91%的学生每月消费在500—1000元，46.69%的学生的生活消费只有201—400元，其余大部分消费在网络通信、学习考证、人际往来、恋爱情感等，日渐呈现出大学生消费的成人化。曾在某高校 BBS 上流传着"一月二百贫困户，四百五百刚够用，千儿八百是扮酷，两千三千是大户"的顺口溜，从侧面描述了部分大学生消费观的扭曲，随意挥霍父母的血汗钱，看似是虚荣心在作怪，但本质上是大学生的荣与辱、美与丑、善与恶界限不明，是非不分，缺乏应有的感恩之心和良知孝心。应从以下几个方面培养大学生正确的消费观：

倡导大学生的理性消费。引导学生不沉迷于低级庸俗的物质消费和精神消费，自觉引导积极向上的消费心理、消费行为、消费方式和消费观念，在正确消费观指导下，用于符合自己的身心健康，发展和完善自己的高尚精神、道德情操和知识技能的合理消费，从而获得理智的满足、精神的愉快、情操的陶冶和道德的升华。

培养大学生的理财意识。增强大学生的责任意识、忧患意识、危机意识和感恩意识，弘扬优良传统，培养学生厉行节约的习惯，认清自己的身份和肩负的历史使命，珍惜父母和他人的劳动，正确对待金钱，保持健康的消费心理，培养吃苦耐劳的精神。

建立教育、制度、监督、惩处并重的工作推进机制。建立一套完善的节俭监督制度，"他律"与"自律"有机结合，引导学生形成正确的消费观，培养大学生对国家、社会、学校、父母的感恩之

---

① 习近平：《在第十八届中央纪律检查委员会第二次全体会议上的讲话》，2013年1月22日（http://news.cntv.cn/2013/01/22/ARTI1358845260691238.shtml）。

情，积极投身社会公益事业和志愿服务活动中，让学生懂得"一粥一饭，当思来之不易；半丝半缕，恒念物力维艰"的道理，以实际行动回馈社会、回馈学校、回馈父母、温暖他人，大爱传递正能量，牢记中华民族勤俭节约的传统美德，让节约成为一种习惯、成为一种品质、成为一种境界，彰显大学生的精神风貌。

总之，大学生理性消费心理的塑造除需要大学生自身和学校的努力外，也需要家庭和社会的参与，为大学生营造良好的消费环境，将理性消费真正落实到平时生活细节中，大力弘扬人人节俭、事事节俭、时时节俭、处处节俭的健康文明风尚，牢固树立正确的人生观、世界观和价值观，养成科学合理的消费观。

五　公寓文化引导学生的发展观

唯物辩证法认为无论是自然界、人类社会还是人的思维都在不断地运动、变化和发展。苏霍姆林斯基认为全面和谐发展的人，就是把丰富的精神生活、纯洁的道德、健全的体格、和谐的心态结合在一起的人，是高尚的思想信念和良好的科学文化素养融为一体的人，是把对社会的需求和为社会劳动和谐统一起来的人。因此，人的发展是社会发展的核心。罗杰斯将学生发展定义为"学生在高等教育机构中，不断地成长、进步，各方面能力得到提升"。[1] 美国心理学家奇克林提出大学生要注重提高管理情绪、自我管理、营造成熟的人际关系、成长目标、自我完善的能力。[2] 随着我国高等教育大众化，大学生的发展呈现出新的特点和需求。因此，公寓文化建设应着重从以下几个方面关注学生的发展：

关注大学生实际需求和发展要求。坚持以学生为本，尊重大学生的快速成长而又未必成熟的现实，他们的思想行为具有很强的易变性、可塑性、敏感性、波动性和依赖性特点，他们的思想观念、

---

[1] Florence, A. H., Nancy, J. E., John, H. S., *Foundations of Students Affairs Practice: How Philosophy, Theory and Research Strengthen Education* (Ed.), Sanfrancisco: Jossey-Bass, First edition, 2002, p. 31.

[2] Chickering, W., Linda, R., *Education and Identity*, Second Edition (Ed.), Jossey-Bass, 1993, pp. 23-24, 40.

行为模式和价值取向难免会出现这样或那样的问题，要用辩证和发展的眼光分析问题、认清主流，准确把握对大学生成长发展的认识。找出问题、把握重点，既要看到大学生成长发展阶段的问题和不足，又要善于发现他们的长处和优势；解决问题、因势利导，关注大学生的生活实际、现实需求、实际困难，为大学生全面发展营造良好的氛围和成长环境。

关注大学生的身体素质，身心健康、体魄强健、意志坚强、充满活力，是一个民族旺盛生命力的体现，近几年的国民身体素质检测报告显示，在校大学生的身体素质在下降，① 2013 年的调研再次表明，大学生的身体素质继续呈现下降趋势，② 因此，要引导学生走出宿舍、走向操场、走进大自然，培养积极、健康的生活方式，树立健康人才观和成才观，促使学生健康发展。

关注大学生的心理困惑、心理冲突和心理障碍。坚持以生为本、科学有效、重点干预、全面辅导的原则，构建学校、中心、学院、班级、宿舍五级心理健康教育体系，形成全面覆盖、无缝对接、及时有效、动态跟踪的心理危机预防干预机制，打造发展型心理健康教育模式，引导学生树立健康的心态，促使学生和谐发展。

倾听大学生的利益诉求和发展需要。加强就业指导，开拓就业市场，提供就业信息与服务，适应市场需求，调整专业设置、更新教学内容、提高教学质量，强化实践环节、开展创业教育、提供创业支持，提升大学生就业能力，转变大学生的就业观念，树立正确的择业观和发展观。

第四节　促进大学生公寓文化锤炼学生能力

中共中央国务院《关于进一步加强和改进大学生思想政治教育的意见》（中发 16 号文件）指出："加强学生公寓文化建设，通过

---

① 王东：《大学生体质在下降！》，《光明日报》2011 年 9 月 14 日。
② 赵倩、任杰：《大学生体质滑坡　国之栋梁成文弱书生？》，《光明日报》2013 年 10 月 21 日。

公寓文化建设等，在全校形成良好的育人环境"、"坚持教育与自我教育相结合。既要充分发挥学校教师、党团组织的教育引导作用，又要充分调动大学生的积极性和主动性，引导他们自我教育、自我管理、自我服务"。学生的自我调节能力与学生的成长发展成正比关系，① 因此，在大学生公寓文化建设过程中，学生的主体参与，必然在潜移默化中提高他们的综合能力。

一　公寓文化培养学生的自我教育能力

温家宝曾指出："自我教育是一种重要的教育理念，是发挥学生学习的自觉性、主动性的重要途径。"② 自我教育是指教育者按照受教育者的身心发展阶段予以适当的指导，根据社会规范和自身发展需要，在自我意识的基础上，按照教育者的要求，发挥受教育者的自觉性、主体性、积极性和创造性，通过受教育者的自律和内省达到认识自我、全面发展、实现自我的教育活动，变为自己努力的目标。

自我教育的特征体现在教育主体与教育客体的结合、自我教育与学校教育的统一，受教育者不仅是教育客体，也是教育主体，自我教育体现教育主体和教育客体的有机结合。苏联教育家苏霍姆林斯基曾指出："只有激发学生去进行自我教育的教育才是真正的教育。"③ 自我教育是教育的核心目标，任何教育最终目的实现，都是以自我教育为基础。联合国教科文组织在教育报告《学会生存——教育世界的今天和明天》中指出："未来的学校必须把教育的对象变成自己教育自己的主体。""唯物辩证法关于外因要通过内因而起

---

① Olaussen, B. S., Braten, I., "Students' use of Strategies for Self-Regulated Learning: Crosscultural Perspectives", *Scandinavian Journal of Educational Research*, Vol. 43, No. 4, 1999, pp. 409–432.

② 钟秉林：《自我教育是体现本质、真正生效的教育》，《中国教育学刊》2013 年第 1 期，第 14—15 页。

③ ［苏］苏霍姆林斯基：《给教育的建议》，杜殿坤编译，教育科学出版社 1981 年版，第 205 页。

作用的原理，只有包含有自我教育的教育才是真正的教育。"① 主体性是人类的一个基本特征，马克思曾指出："一个种的全部特征、种的类特征就在于生命活动的性质，而人的类特征恰恰就是自由的自觉的活动。"② 教育部副部长刘利民指出：加强并不断提高学生自我教育和自我管理能力，不仅是推进素质教育的应有之义，也是培养自主独立的创新型人才的根本要求。

大学生阶段正是人的自我意识日益成熟，主体性人格日益完善的重要时期。因此，大学生公寓文化建设应从以下几方面提高学生的自我教育能力：（1）注重引导大学生树立正确的自我意识，加强对大学生世界观、人生观和价值观的教育，激发大学生自我教育的内在动力和潜能，调动大学生自我教育的积极性和主动性，促进大学生对理想自我的认识和认知，引导和帮助大学生坚定自我教育的需求和信念。（2）注重引导大学生提高自我教育能力，引导大学生在寻梦过程中，从实际出发，制定科学合理的人生目标，不断用中国特色社会主义理论体系构筑自己的精神支柱，不断培育和践行社会主义核心价值观，增强历史使命感，将个人梦融入中国梦，将个人理想融入社会主义共同理想，学会独立观察和自我评价，学会提出问题和分析问题，不断提高大学生自我教育能力。（3）注重大学生锤炼自我反思的能力。引导大学生勇于正视自我，敢于照镜子、亮底子，在自我反思中，不断正确地认识自我、激励自我、鞭策自我、监控自我、改进自我、肯定自我、建构自我、完善自我、凸显自我和超越自我，从而不断提高大学生自我反思的能力，使自我教育在大学生成长过程中发挥最大的效能，实现理想目标以达到理想自我的程度。

二 公寓文化增强学生的自我管理能力

自我管理理念奠基于美国伊利诺伊州大学的荣誉教授 Frederick

---

① 张耀灿、陈万柏：《思想政治教育学原理》，高等教育出版社 2001 年版，第182页。

② 《马克思恩格斯全集》第4卷，人民出版社 1979 年版，第243页。

H. Kanfer 所提倡的自我调整，北大校长蔡元培曾提出："我们既自以是人，尊重自己的人格，且尊重他人的人格，本无须他人代庖。"① 这说明蔡元培认为自治比被治要好，自治在尊重自己的同时还要尊重他人，做自己的主人。自我管理是指个体拥有自我意识、自主意识和自由能力且能正确认识自己的前提条件下，自觉地对自己的目标、思想、心理和行为进行的管理，为了实现组织的目标，通过合理的自我设计、学习、协调和控制等环节，以获得个人自我实现和全面发展为价值诉求的管理实践活动，最终实现自我奋斗目标的过程。

在大学生公寓文化建设过程中，如何调动大学生参与的积极性、主动性，使大学生从被动服从者转变为主动参与者和管理者，真正达到由"他律"到"自律"的转变。（1）树立以生为本的管理意识，增强学生的主体意识。引导学生由被管理到要管理的转变，调动学生积极主动参与公寓文化建设中，让学生真正意识到他们才是公寓文化建设的主体，把公寓当成自己的家，把自己当成公寓的主人，从而起到学生在公寓文化建设中的相互制约和相互监督的作用，增强学生的主人翁意识、责任感和使命感。（2）搭建学生自我管理载体，培养大学生自我管理的能力。通过党团组织进公寓，发挥党团组织的示范引领作用和先锋模范作用，激发学生见贤思齐；通过社团组织进公寓，培养学生的归属感、认同感和集体荣誉感，团队协作精神和心理受挫能力，进而培养学生的优秀品质。（3）加强公寓文化队伍建设，严把公寓管理员进口关。公寓管理员的年龄、学历、学识、结构应与大学生发展相适应，更好地促进学生自我管理能力的提高。同时，建立职业化的学生自我管理指导教师队伍，加强学生自我管理的科学化指导，要把握学生的个性特点、年龄特征和个人诉求，突出学生主体性，引导学生自我管理，激发学生自我发展的内驱力。另外，利用教师的人格魅力、学识修养、职业素养和管理水平，在潜移默化中影响、带动学生提高自我控制和自我约束的能力。（4）积极搭建自我管理实践活动平台，在实践中

① 高平叔：《蔡元培教育论集》，湖南教育出版社 1987 年版，第 278—279 页。

磨炼意志、提炼心灵、锻炼能力，让学生管理有平台、展示有舞台、发展有空间。

总之，高校要建立积极有益的新型管理体系，鼓励学生积极参与公寓文化建设和学校日常事务管理，引导学生树立正确的信念和追求，培养学生的潜能和主体意识，规范学生的日常行为，引导学生形成健康的人格，使学生深刻认识到主人翁地位的重要性，提高自身的责任感与自觉性，从而促进学生自我管理能力的提高。

三　公寓文化提升学生的自我服务能力

大学生的自我服务体现了大学生主体性与创造性的发挥，包括个体性、群体性和社会性自我服务的有机结合，个体性自我服务是指大学生自身学会独立，自主适应环境，自我心理调适，自主地规划人生，能正确处理人际关系和安排自己的生活，解决学习生活中遇到的各种困难，从而达到教育、提升自我服务的效果。由于同学们从四面八方而来，远离父母独立面对生活、学习和工作环境，因此，同学间要互相关心、互相照顾、互相支持和互相帮助。群体性自我服务指学生群体参与以社团或团队或协会或组织单位为主要形式的服务，涉及学习生活、实践活动、人际关系、志愿服务、公益活动等方面，受益者是参与组织或团体的大学生群体本身。社会性自我服务是指学生在校园以外承担社会发展责任，比如公益活动、志愿者服务活动等，显性受益群体为社会公众，隐性受益群体则为大学生自己。[①] 公寓文化建设通常具有相对完善的设施条件，集组织机构、制度保障、环境布局、活动载体、娱乐休闲、信息交流等功能于一身，面向学生开展各种服务。同时，公寓园区的服务又能延伸到社会公益组织，构成完善的服务网络，通过这些组织提供的活动场所和设施，支持和协调更加广泛的服务。

古人说："授之以鱼，不如授之以渔。"因此，公寓文化为学生提供服务的同时，应更加注重学生自我服务能力的提升。学生自我

---

① 金一斌：《论主动服务学生与学生自我服务的紧密结合》，《高校理论战线》2010年第9期，第26—30页。

服务的内涵丰富，但最终目的是充分调动学生自我教育、自我管理、自我提升的积极性和主动性，锻炼适应社会、引领社会的能力，增强集体意识、大局意识、协作意识和团队意识，培养大学生服务社会、奉献社会的精神以及提升大学生自我服务的能力。应从以下几方面提高学生的自我服务能力：（1）做好规划，彰显个性。大学生学习生活的独立性、自主性和创造性都很强，帮助学生根据自身的实际情况，科学合理地规划好自己的人生目标，并根据时势的变化及时调整自己的规划，实现自我服务的可持续发展，彰显个体性自我服务价值。（2）学会感恩，学会珍惜。提醒学生时刻铭记别人对自己的关怀和深情厚谊，将来走向社会，能够用博大的胸怀关心服务需要帮助的人。（3）勤于学习，善于创造。帮助学生不断用中国特色社会主义理论体系构筑自己的精神支柱，不断培育和践行社会主义核心价值观，向书本学习，向实践学习，向榜样学习，在学习中学会创造，在创造中推动学习，提高辩证思维、战略思维、创新思维的能力。（4）志存高远，脚踏实地。要引导学生把个人命运同祖国的命运紧密结合起来，立足社会，做一个有益于社会、有益于国家的人，不断提高个体性自我服务水平。（5）团结协作，顾全大局。要引领学生不断增强团队意识、大局意识和集体意识，不断提高群体性自我服务的水平。（6）服务社会，乐于奉献。要引导学生积极参与社会公益活动和志愿者服务活动，增强责任感和使命感，增强奉献意识和服务意识，不断提高社会性自我服务的水平。

总之，通过大学生公寓文化对学生的影响，不断提高学生自我服务意识，使管理、教育和服务由有形变无形，内化于心，外化于行。

四　公寓文化强化学生的自我完善能力

1993 年，Wingspread Group 发表报告《美国的当务之急：对高等教育寄予的更高期望》（*An American Imperative*：*Higher Expectations for Higher Education*），号召："高等教育的重点放到学习上，以及大

学和学院必须更多的致力于学生的学习和有教育意义的养成上。"①

卢梭认为人与动物的区别之一就在于人具有自我完善能力，这种能力的不断发展，使人类逐渐从自然状态过渡到社会状态。自我完善是一种奋发向上的精神品质，自我完善不以任何人为竞争对手，而能够清晰认识到自己存在的某些不足，通过努力使当前的自我不断超越过去的自我，这种超越是当前的自己与过去的自己之间的比较，只要感觉比以前进步了，即便没有超越他人，也能获得成功的体验，从而增强自信心，提高竞争力，激发驱动力。自我完善追求的最高目标是自己的能力得到最大发挥。因此，应着重从以下几个方面提高大学生自我完善的能力。

引导学生在读书明理中自我完善。高尔基曾说："书籍是人类进步的阶梯。""书籍是青年人不可以分离的生命伴侣和导师。""书籍为理智和心灵插上了翅膀。"苏霍姆林斯基曾说："没有阅读，就不可能产生有意义的思考。"古人也说："腹有诗书气自华。"充分说明了读书的重要性，是规范人生的紧箍咒、奋发向上的座右铭、指导行动的航向标，它不但帮助学生汲取知识、拓展视野、开阔思维、提高能力，也能引导学生注重自身发展，启发学生自我反思，弥补自身不足，激发学生的潜能，帮助学生制订科学合理的改进计划，从而促使学生不断完善并超越自我，不断获得新的成功。

引导学生在社会实践中自我完善。社会实践是大学生自我完善的有效途径，能帮助大学生比较客观地自我评价，激发和实现大学生自我动机，促使大学生个性的逐渐成熟，发挥学生自我完善的主观能动性，激发学生参与实践的自觉性和积极性，不断增强学生服务于国家、服务于人民的社会责任感、勇于探索的创新精神、善于解决问题的实践能力，强化学生的参与意识、竞争意识、责任意识、进取意识、大局意识、公平意识、效率意识、团队意识、法律意识，使学生在自我完善中始终保持最佳心理状态，保持自我完善的热情和毅力，让学生在实践活动中受教育、长才干和做贡献。

---

① American College Personnel Association, "An American Imperative: Higher Expectations for Higher Education", *Journal of College Student Development*, Vol. 37, No. 2, 1996, p. 116.

引导学生在网络视域下自我完善。在理论上指导、思想上启迪,培养大学生独立分析和解决问题的能力,提高大学生的思维能力和实践能力,用正确、积极、健康的思想文化占领网上阵地,[1]及时帮助大学生进行有理有据的分析、鉴别是非。强化道德规范教育,增强自律意识,增强道德情感体验,提高学生的免疫力,优化网络道德教育环境,提高学生道德判断水平和自我控制能力,培养学生具有高度道德自律和自我约束意识,充分激发同学们的上进心和创造性,在积极、健康、和谐的网络上实现自我完善。

总之,通过公寓文化强化大学生的自我完善能力,实现大学生的健康发展、和谐发展、科学发展,满足学生全面发展的目标,需要注意的是不仅要满足学生目前发展的需要,也要满足学生持续发展的需要,更要满足中国特色社会主义事业建设者和接班人对人才的需要。

---

① 于国君、王国辉:《发挥团学组织优势　加强公寓文化建设》,《辽宁工程技术大学学报（社会科学版）》2004 年第 2 期,第 201—203 页。

第四章

大学生公寓文化
建设的原则

中共中央、国务院十六号文件明确指出："校园文化具有重要的育人功能，要建设体现社会主义特点、时代特征和学校特色的校园文化，形成良好的校风、教风和学风。"① 大学生公寓文化建设是校园文化建设的重要组成部分，但有其自身的特点，对学生的健康成长成才有独特的促进作用。在公寓文化建设中，必须遵循应有的客观规律，符合学生的愿望和诉求。公寓文化建设的原则是公寓文化建设所依据的法则或标准，是观察问题和处理问题的准则，决定了公寓文化建设的目标和方向，坚持主旋律与多样性相统一、理论性与实践性相统一、传承性与创新性相统一、科学性与人文性相统一、共性和个性相统一的原则，进而全面分析公寓文化建设的客观规律。

第一节　坚持主旋律与多样性相统一

弘扬主旋律、提倡多样化，是坚持"二为"方向和"双百"方针的具体体现。② 学校是文化的传播者、文化的发源地、文化的辐射源，公寓文化是校园文化的亚文化，因此，大学生公寓文化建设

① 《关于进一步加强和改进大学生思想政治教育的意见》（中发〔2004〕16号），2004年8月26日。
② 江泽民：《在全国宣传思想工作会议上的讲话》，载《论党的建设》，中央文献出版社2001年版，第134页。

应符合时代的主旋律，符合高等教育的人才培养目标，符合先进文化的特征，同时，要兼顾文化的多样性，兼容并蓄，取其精华、去其糟粕，为实现中国梦夯实文化基础。

一　弘扬大学生公寓文化建设的主旋律

公寓文化建设的目标应符合学生的利益诉求，满足学生日益增长的精神文化需求，促进校园文化的进步，繁荣社会主义先进文化，要使目标得以实现，公寓文化建设必须坚持具有时代精神的主旋律，它是公寓文化建设的内在要求，也是公寓文化建设的根基。江泽民曾提出："建设先进文化，必须弘扬主旋律，以科学的理论武装人，以正确的舆论引导人，以高尚的精神塑造人，以优秀的作品鼓舞人，不断培养和造就一代又一代有理想、有道德、有文化、有纪律的社会主义新人。"[①]

以科学的理论指导公寓文化建设。坚持以中国特色社会主义理论体系为指导，把社会主义核心价值体系融入大学生公寓文化育人的全过程，把理想信念教育作为育人核心价值观的重中之重，把弘扬以爱国主义为核心的民族精神和以改革创新为核心的时代精神作为重要内容，引导和教育学生自觉践行社会主义核心价值观，弘扬主旋律，传播正能量，不断丰富学生的精神世界，增强学生的精神力量，满足学生的精神需求，培育知荣辱、讲正气、作奉献、促和谐的良好风尚，从而全面提高大学生的道德素质。

以先进的文化引领公寓文化建设。先进文化是优秀传统文化的积淀与传承，符合人类社会的发展方向，体现生产力的发展要求，代表社会成员的根本利益，不但是反映时代潮流的文化，人类文明进步的结晶，又是推动人类社会前进的巨大动力。先进文化引领公寓文化是公寓文化建设的内在要求，公寓文化建设的目标是育人，能否培育出大批中国特色社会主义事业建设者和接班人，直接关系到

---

① 江泽民：《在全国宣传思想工作会议上的讲话》，载《论党的建设》，中央文献出版社 2001 年版，第 125 页。

中国梦的实现，从这个意义上来说，公寓文化建设对学生的健康成长成才，对于弘扬文化主旋律，形成文化凝聚力具有重要的作用，所以，必须用先进文化引领公寓文化建设，夯实学生的文化底蕴，真正使先进文化在公寓文化建设中的强大内驱力得以实现，去引导学生、规范学生、熏陶学生、教育学生、塑造学生，成为助推学生成才、繁荣校园文化、丰富社会文化强大的推动力。

以正确的舆论引导公寓文化建设。唱响文化的主旋律，弘扬民族精神和时代精神，倡导有利于发扬爱国主义、集体主义、社会主义的思想和精神，倡导有利于改革开放和现代化建设的思想和精神，倡导富强、民主、文明、和谐，倡导自由、平等、公正、法治，倡导爱国、敬业、诚信、友善，积极培育社会主义核心价值观，努力宣传科学真理、传播先进文化、倡导科学精神、塑造美好心灵、弘扬社会正气，引导学生树立正确的世界观、人生观和价值观，增强民族自尊心和自信心，促使大学生的精神境界和思想追求不断地完善和提升，为实现培养中国特色社会主义事业建设者和接班人的目标提供坚实的文化底蕴和思想基础。

二　重视大学生公寓文化建设的多样性

大学生公寓文化是一个内涵丰富的文化体系，有各种不同的表现形态，因而公寓文化建设只有通过多种途径才能得以实现。多样性是公寓文化区别于其他校园文化、亚文化的重要特点，[①]公寓文化具有很强的宽容性、包容性和兼容性，体现了内容多样、形式多样、方法多样和需求多样。公寓文化活动离不开大学生的参与，大学生是公寓文化建设的主体，他们思想活跃、思维敏捷、富于激情、富于幻想、富于创造性、富于敏锐性。因此，学生的广泛参与也折射出公寓文化在弘扬主旋律的基础上，充分展示了公寓文化的丰富内涵。为了保证公寓文化的内涵丰富，应注意从以下几个方面加

---

① 黎媛：《思想政治教育视域下的大学生公寓文化建设研究》，硕士学位论文，西南石油大学，2012 年。

强公寓文化建设。

组织文化建设。在学校统一领导下，成立学生公寓管理中心，具体负责公寓管理和公寓文化建设总体规划，下设办公室、公寓文化建设中心、学生发展事务中心、团委、工会等。另外，按公寓楼分别组建党总支、团总支，以楼层为单位组建党支部、团支部，以相邻的若干寝室为单位组建党小组、团小组，从而形成金字塔型的组织结构文化，提供强有力的组织文化保障。

制度文化建设。结合学校实际制定科学合理的制度，如《学生公寓文化建设发展规划》、《学生公寓文化建设实施方案》、《学生公寓文化建设指导委员会》、《学生公寓文化建设领导小组》、《学生公寓文化建设监督委员会》、《学生公寓管理人员规章制度》、《学生公寓管理人员行为规范》、《学生公寓管理人员培训制度》、《学生公寓管理人员奖励约束制度》、《学生公寓安全卫生检查基本标准》、《学生公寓安全卫生检查细则》、《学生公寓文化氛围营造实施办法》等规章制度、行为准则、道德规范。

环境文化建设。苏联著名教育家苏霍姆林斯基说："我们在努力做到，使学校的墙壁也说话"，强调了环境文化育人的作用。公寓环境文化就是通过公寓园区的建筑群及其周围地面、空间所体现的环境设计、环境形态、环境意蕴及风格，环境价值及人们对这些建设的评价、欣赏、情感依附等文明因素的总和。具体体现在公寓园区环境中所有的承载体，即一草一木、一景一物、一寓一楼、一桥一湖等都要有灵性，能够从其自身的形态、物态或状态中散发出一种感染力、影响力和吸引力，营造出和谐、温馨、高雅的公寓文化环境，使人受到潜移默化的影响，从中悟出做人行事的道理。

精神文化建设。透过学校校风、教风和学风以及校园精神的渗透，在公寓园区建立与校园文化相匹配的具有一定文化品位、风格的文化产品，营造浓郁的公寓文化氛围，满足学生的文化需求，让每一个角落都充满文化气息，处处影响学生的精神文化。

活动文化建设。开展贴近学生思想、贴近学生生活、贴近学生实际的丰富多彩、形式多样的公寓文化活动，不断提高文化活动的吸引力和感染力，针对性和实效性，培育富有思想性、有吸引力、形成精品化的活动品牌。

三 坚持主旋律与多样性相统一

胡锦涛在全国宣传思想工作会议上提出："弘扬主旋律和提倡多样化的有机统一。"① 大学生公寓文化建设经过历史积淀、弘扬和发展，形成具有学校特色的公寓文化，公寓文化的多样性体现了生动活泼、和而不同、兼容并蓄的文化内涵。学生公寓文化建设必须从自身特点出发，只有坚持主旋律和多样性相统一，才能形成公寓文化的可持续繁荣发展。在中国特色社会主义理论体系的指导下，确保公寓文化多样性的主基调，符合公寓文化建设的核心要求。同时，在先进文化的引领下，确保学生公寓文化多样性的离而不散、散而不分，符合公寓文化建设的价值追求。另外，在社会主义核心价值观的指引下，确保公寓文化多样性对大学生社会主义核心价值观的教育和引导不偏离、不脱轨，符合社会主义核心价值体系的范畴。当然，多样性必须寓于主旋律之中，公寓文化的多样性必须服从和服务于高等教育的育人目标，确保大学生多元文化的利益诉求，符合高等教育人才培养的根本要求，培养实现中华民族复兴的中国梦的接班人。因此，大学生公寓文化的多样性是自身的积淀、传承和高等教育人才培养的必然要求。

总之，大学生公寓文化的多样性和主旋律在人才培养、文化传承、文化创新等方面起着重要的作用，二者辩证统一、相辅相成，营造一种积极向上的文化环境、求知尚学的文化氛围，培养学生的团队精神和拼搏精神，丰富学生的文化生活和道德情操，开阔学生的知识视野和战略眼光，增长学生的职业技能和素质水平，更有助于学生身心健康的成长。因此，公寓文化的多样性和主旋律二者不能割裂，必须加以重视和建设，以期发挥更大、更强的作用。

---

① 胡锦涛：《在全国宣传思想工作会议上的讲话》，2013 年 12 月 7 日（http://www. people. com. cn/GB/shizheng/1024/2232678. html）。

第二节　坚持理论性与实践性相统一

"实践是发展的，理论也应是发展的。"① 随着时代的发展与进步，文明的传承和知识的创新，高等教育改革的深入发展、后勤社会化改革的推进、新媒体的广泛应用、西方文化的侵蚀以及"90后"学生呈现新特点等，彰显出公寓文化的作用在人才培养、校园安全稳定、学生身心和谐等方面越来越重要，公寓文化的地位也越来越凸显。

一　理论研究是大学生公寓文化建设的支撑

只有正确的理论，才能指导实践的成功。随着时代的发展和社会的进步，不同学者对公寓文化的内涵和特征等都赋予了新的内容。理论研究是推动公寓文化建设的内核，自从 1998 年姬晨研究公寓文化建设以来，公寓文化理论研究一直备受关注。

有学者研究认为公寓文化作为文化的子系统，有社会先进文化和校园文化的总趋向和特征，但同时它又有自己独特的鲜明特征，对大学生的健康成长成才以及未来走向社会发挥着不可替代的作用。姬晨研究认为公寓文化对推动大学生身心健康成长和学生工作的进步具有重要意义。② 2003 年张闻天研究发现后勤社会化解决了后勤保障，而校外公寓缺失了校园文化。③ 因此，后勤社会化也影响了校园文化对学生成长的作用，更影响了高等教育的人才培养质量。周长茂研究发现消极的公寓文化败坏校风，也腐蚀学生思想，更影响人才的培养。④ 2004 年于国君等研究提出团学组织对公寓文

---

① 毛泽东：《读米丁等著沈志远译〈辩证唯物论与历史唯物论〉（上册）一书的批注》（1937 年 7 月以前），载《毛泽东哲学批注集》，中央文献出版社 1988 年版，第 144 页。

② 姬晨：《高校公寓文化建设刍议》，《渭南师专学报（社会科学版）》1998 年第 3 期，第 83—86 页。

③ 张闻天：《校外公寓缺失校园文化》，《人民日报（海外版）》2003 年 1 月 13 日。

④ 周长茂：《高等学校大学生公寓文化建设的探索》，《沈阳农业大学学报（社会科学版）》2004 年第 1 期，第 74—75 页。

化建设的重要作用。① 2005 年何腾念提出构筑公寓人本文化的概念，从管人到育人关心人的思想转变。② 2007 年，段美清探讨了公寓文化建设对大学生素质教育的重要作用。③ 2008 年，王国义进一步研究认为良好的公寓文化对大学生的思想道德素质、科学文化素质、心理素质等非智力素质能产生深远的影响。④ 2009 年，肖中瑜研究发现，高校后勤社会化改革向纵深发展，公寓文化建设呈现出主体多元化的特点，导致主体间平等话语权、交往、共识观念的缺失，使学生公寓文化建设面临困境。⑤ 黄丹等人研究提出公寓文化伴随大学生思想、认知、性格、追求的不断碰撞、磨合直至相互融合，最终可以形成极富凝聚力的文化氛围，对大学生的成长具有重要作用。⑥ 贺治成等人研究提出通过不同途径建设公寓文化向文化公寓转变的新视角。⑦ 2013 年，笔者对公寓文化进行了新的诠释，认为公寓文化是以公寓社区为载体，以大学生为主体，以部门联动为机制，以环境建设为基础，以制度建设为保障，以积淀创新为原则，以校园和谐为目标，以社会主义核心价值观为内容，以思想政治教育进公寓为途径，以文化活动为平台，以公寓精神为特征，以学生成才为核心等方面，在潜移默化中产生富有思想性、知识性、趣味性的公寓文化，凝聚浓厚的校园精神和人文气息，彰显大学生的人格魅力和文化品位，激发大学生勇于奉献和敢于担当，陶冶大学生的道德情操和高尚品质，丰富大学生的文化生活和精神世界，

---

　　① 于国君、王国辉：《发挥团学组织优势　加强公寓文化建设》，《辽宁工程技术大学学报（社会科学版）》2004 年第 2 期，第 201—203 页。

　　② 何腾念：《构筑学生公寓人本文化》，《贵阳日报》2005 年 8 月 30 日。

　　③ 段美清：《试论高校公寓文化建设与大学生人文素质教育》，《太原理工大学学报（社会科学版）》2007 年第 3 期，第 74—76 页。

　　④ 王国义：《大学生公寓文化的育人功能及其实现形式》，《黑龙江高教研究》2008 年第 4 期，第 138—139 页。

　　⑤ 肖中瑜：《主体间性道德观视野下的高校学生公寓文化建设》，《职业时空》2009 年第 9 期，第 31—32 页。

　　⑥ 黄丹、张学军、陈国华：《学生公寓文化建设探索与研究》，《管理科学研究》2010 年第 5 期，第 11—12 页。

　　⑦ 贺治成、李辉：《从公寓文化到文化公寓：高校校园文化建设的新视角》，《学校党建与思想教育》2012 年第 8 期，第 71—72 页。

对促进学校校风、教风、学风的形成具有积极作用。①

总之，正是由于专家学者的研究成果，才推动大学生公寓文化建设逐渐引向深入，从大学生公寓文化的时代性、特殊性、可能性、必要性、必然性和引领性的角度，不断深化大学生公寓文化的内涵，形成大学生公寓文化建设的科学理论体系，为高等教育人才培养打下坚实的公寓文化理论基础。

二　实践探索是大学生公寓文化建设的检验

实践是检验理论正确与否的唯一标准，大学生公寓文化的本质是育人，是人们实践经验的结晶和精神劳作的结果。公寓文化建设过程本身也是实践的过程，其目的也是通过实践来塑造人、感染人和影响人。

不断强化马克思主义中国化的最新成果在公寓文化建设中的重要地位。加强对大学生进行中国特色社会主义理论体系武装，使大学生正确认识社会发展规律、国家前途命运、自己的社会责任，提高大学生的思想觉悟、理论水平、理想信念，激发学生的爱国精神和创新精神，增强大学生的道路自信、理论自信、制度自信以及大学生在中国共产党的领导下走中国特色社会主义道路，实现中华民族伟大复兴中国梦的信心和决心。

不断强化社会主义核心价值观这一红线贯穿于公寓文化建设，在公寓园区的醒目位置张贴特色标语和文明警语，提示学生不断向文明、自信的方向发展，并将文明意识根植于学子心中，融入到学生血液。通过电子屏幕、电视广播围绕中国梦、爱党爱国、传统美德、道德模范和环境保护等主题制作推出平面公益广告，深入开展校园之星先进事迹评选及事迹报告会等活动，在潜移默化中营造我为人人、人人为我的良好风尚，弘扬真善美，传播正能量，激励学生崇德向善、见贤思齐，鼓励学生积善成德、明德惟馨，为实现中华民族伟大复兴的中国梦凝聚起强大的精神力量和有力的道德支撑。

---

①　丁笑生：《大学生公寓文化建设的实践与思考》，《河南师范大学（哲学社会科学版）》2013 年第 5 期，第 174—176 页。

不断强化党团组织和心理健康教育在公寓文化建设中的重要作用。通过大学生公寓党支部、团支部等建设，把学生入党积极分子和党员考察、培养、教育以及对团员青年的教育、培养和推荐优秀团员青年入党工作延伸到学生公寓，触及学校的神经末梢，有利于对入党积极分子的考察和培养，有利于学生党员先锋模范作用的发挥，有利于党团组织与同学之间距离的拉近，增强党组织的凝聚力和辐射面、号召力和渗透力，增强共青团组织青年、引导青年、服务青年、维护青年权益的作用，学生在参与这些活动的过程中，锻炼他们的沟通、组织与管理能力，增强他们强烈的责任感和使命感，培养他们的自我管理、自我教育、自我服务能力，提高他们的自律意识与文明素养，调动他们自觉参与服务的积极性和主动性。通过心理健康教育宣传、咨询，团体互动游戏等形式，探究学生的内心世界，缓解学生的不良情绪，愉悦学生的身心，陶冶学生的情操，提高学生的修养，削减学生可能出现的问题，有效地推动学生公寓文化建设。

不断强化网络育人在公寓文化建设中的重要角色。利用网络的开放性和虚拟性、针对性和多样性、隐匿性和及时性等特点，通过网上与学生互动交流，及时了解学生的思想动态和利益诉求，把握问题所在和舆论导向，体现贴近实际、贴近生活、贴近学生的教育理念，形成教育学生与服务学生相结合、解决思想问题与解决实际问题相结合的氛围，强化学生主体意识与责任意识，提高学生自律能力和防范意识。

总之，在大学生公寓文化建设中，按照党的十八大提出的让每一名学生都成为有用之才的要求，采用多种形式，通过多种途径，使公寓文化服务于学生的成长成才。

三　坚持理论性与实践性相统一

列宁曾指出："要真正地认识事物，就必须把握研究它的一切方面、一切联系和'中介'，我们决不可能完全做到这一点，但是，全面性的要求可以使我们防止错误和防止僵化。"① 值得深入反思，

---

① 《列宁全集》第32卷，人民出版社1972年版，第83页。

公寓文化建设理论来源于公寓文化活动的实践，实践需要科学理论来指导，科学实践推动科学理论向更加科学的方向发展，这不仅仅是对实践的概括和总结，更重要的是对实践活动、实践经验和实践成果的批判性反思、规范性矫正、理想性引导，对实践的超越，实现理论—实践—理论的循环反复，使它们之间不断矫正、交融。伽达默尔说："一切实践的最终含义就是超越实践本身。"① 辩证唯物主义认为，实践是客观的、第一位的、不断发展的，是理论的基础、动力源泉，对理论的形成有决定性作用，因此，应重视大学生公寓文化建设的实践性。

大学生公寓文化建设的理论对实践有重要的指导作用，理论高于实践，实践重于理论，理论联系实际，理论指导实践必须用于实践，更需要实践的检验，在实践中提升或完善理论，理论又超越实践，以完善或提升的理论指导实践，在实践—理论—再实践—再理论的反复循环过程中达到螺旋式上升。所以，公寓文化建设理论和实践之间的关系是对立统一的，既有区别又有联系，把握好二者的辩证关系有利于增强大学生公寓文化建设的实效性，在理论上不断有新发展，实践上不断有新创造。应坚持贴近实际、贴近生活、贴近学生，建构并传播主流价值观，推出大量无愧于时代、无愧于学校、无愧于学生的文化精品，以便达到科学理论和实践探索共生、共进和共荣，推进大学生公寓文化建设工作的科学化、纵深化、精细化和人本化，教育和引导广大学生树立正确的世界观、人生观、价值观和发展观，为高等教育的改革与发展以及实现中华民族伟大复兴的中国梦做出新的更大贡献。

第三节　坚持传承性与创新性相统一

大学是做学问的地方，杨叔子院士曾说，大学不仅要选择文

---

① 伽达默尔：《赞美理论》，夏镇平译，生活·读书·新知三联书店 1988 年版，第46 页。

化、继承文化、传递文化，而且应该创造文化、发展文化。每种文化都或快或慢地发生着变迁，正如林顿所说："所有文化，即使最简单的文化，都处在持续变化之中。"① 大学的价值在于文化的启蒙、文化的传承、文化的创新。公寓是大学最重要的组成部分，大学生公寓文化也是经过长期的历史积淀和创新发展而成的，坚持传承性和创新性是学生公寓文化建设的重要原则。

一　强化大学生公寓文化建设的传承性

"一部人类社会发展史，是人类生命繁衍、财富创造的物质文明发展史，更是人类文化积累、文明传承的精神文明发展史。人类社会每一次跃进，人类文明每一次升华，无不镌刻着文化进步的烙印。"② 因此，文化是一种历史的生成物，没有历史根基的文化，只能是一种没有历史感的浅薄文化。江泽民在清华大学建校九十周年大会上指出："一流大学应该成为继承传播民族优秀文化的重要场所和交流借鉴世界进步文化的重要窗口，成为新知识、新思想、新理论的重要摇篮，不断促进社会主义文化的发展。"高等学校的根本任务是人才培养，必须培养德、智、体、美、劳全面发展的中国特色社会主义事业建设者和接班人。胡锦涛在清华大学百年校庆的讲话中指出："高等教育是优秀文化传承的重要载体和思想文化创新的重要源泉，必须大力推进文化传承创新，积极发挥文化育人的作用。"公寓文化是继承、传递公寓园区的历史文化、精神灵魂，是公寓文化育人的必然使命，文化传承不是被动、原封不动的，而是一种反思过程、凝练过程。

传承文化历史。费孝通曾提出："文化自觉是指生活在一定文化中的人对其文化有'自知之明'，明白它的来历，形成过程，所具有的特色和它发展的趋向，不带任何'文化回归'的意思，不是要'复归'，同时，也不主张'全盘西化'或'全盘他化'。"③ 公

---

① 转引自郑金洲《教育文化学》，人民教育出版社 2000 年版，第 164 页。
② 胡锦涛：《在中国文联第八次全国代表大会、中国作协第七次全国代表大会上的讲话》，载《十六大以来重要文献选编》（下），中央文献出版社 2008 年版，第 751 页。
③ 《费孝通文集》第 14 卷，群言出版社 1999 年版，第 197 页。

寓文化根植于学校深厚的历史文化中，学校的发展史是不可再生的教育资源，在发展过程中，会存在一些不适应当今文化需求的地方，我们要去粗取精、去伪存真、集粹弃废，在积淀传承中弘扬学校的优秀文化，渗透到公寓文化建设中，滋润学生的历史文化底蕴，滋养学生的心灵。

传承精神文化。精神文化是公寓文化建设的核心文化，在公寓文化发展中起着至关重要的作用，正如美国普林斯顿大学前校长、著名教育家亚伯拉罕·弗莱斯克纳所说："在保障大学的高水准方面，大学精神比任何设施、任何组织都更有效。"[①] 公寓文化精神是指在一定的社会历史条件下，经过长期的文化积淀、整合、创新、提炼出来的，反映广大师生员工共同的理想目标、精神信念、文化传统和行为准则的价值观念体系和群体意识，凝聚着学校的校风、教风和学风，体现着师生的价值追求和育人目标。

传承物质文化。物质文化是公寓文化建设的基础文化，体现在硬件设施上，具体包括公寓园区的自然环境、绿化、建筑、图书资料、生活设施、体育设施以及人文景观，包括公寓布局的人文关怀、文化长廊的人文情怀等，赋予其丰富的文化内涵，激发学子的求知欲望和成才动力。

传承制度文化。通过融合渗透、资源整合、多方引导、提升品位等途径，挖掘符合时代发展要求和师生利益需要的优秀公寓文化的制度文化，其承载公寓文化精神的制约、激励机制，捍卫着公寓文化的历史底蕴，规范着师生的言行举止，鼓舞着师生的士气斗志，提升着师生的素质和学校的品质，提供人人出彩的机会。

二　加强大学生公寓文化建设的创新性

创新是一个民族进步的灵魂，是一个国家兴旺发达的不竭动力。"我们讲继承、讲借鉴，目的是通过继承和借鉴，使民族传统文化、外来文化的精华，同我们党领导人民在长期革命和建设中形

---

① 王体正、宋韧：《大学精神推动大学发展》（http://www.gmw.cn/01gmrb/2007-01/24/content_ 540565. htm）。

成的优良传统和革命精神有机地结合在一起，并在新的实践基础上不断创新，建设和发展有中国特色的社会主义文化。"① 任何文化都要在传统的基础上寻求发展，公寓文化也不例外，要不断打破旧的、不符合高等教育人才培养需求的、不符合社会主义先进文化规律的、不符合时代发展的公寓文化。大学生公寓文化实际上是一元主导、多元融合的文化，但绝不是千篇一律的文化样态，即使在同一所大学里，不同学院、不同专业，甚至不同小班的学生公寓文化差别也比较明显，折射出大学生公寓文化建设必须创新。创新是大学生公寓文化建设和发展的内驱力，只有不断创新，才能不断发展，促使学生公寓文化富有朝气、充满活力和蓬勃发展。

创新机制体制。在公寓文化建设中，要敢于废除目前多头管理的局面，建立学校统一牵头，学工部具体负责的一级管理体制，通过条状运行机制把服务直接送到学生中间，提高服务质量，强化教育效果。

强化创新意识。从目前的形势来看，大学生公寓文化建设处在刚刚起步的阶段，还有许多未知的领域等待去开发、去创造、去凝练、去提升。应敢于啃硬骨头，牢固树立敢为人先的探索精神，顺应时代的发展，结合高等教育的育人目标和学校的实际，不断地从其他文化形态中汲取营养成分，培植具有本校特色的公寓文化精神。

更新管理观念。党的十八大提出：要把"立德树人"作为教育的根本任务。大学生公寓文化建设是高等教育的重要组成部分，公寓文化建设要与时俱进，及时更新观念，由管理学生向服务学生转变，由改变环境向优雅公寓转变，由制度约束向文化育人转变，从而达到"公寓园区处处是教育，学生时时受熏染"的效果。

改造外来文化。不同的文化总是在相互交流、相互借鉴、相互吸收、相互融合的过程中获得发展，这是文化本体运动的一条基本规律。随着网络技术的飞速发展和对外交流的逐渐扩大和深入，也为借鉴、移植国外优秀公寓文化提供了便捷，要敢于吸收和融合优

---

① 江泽民：《在全国宣传思想工作会议上的讲话》，载《论党的建设》，中央文献出版社 2001 年版，第 136 页。

秀外来文化，创新本土公寓文化，增强公寓文化活力，提升育人效果。

创新文化载体。在公寓文化建设过程中，创新公寓文化载体。（1）创新制度建设。建章立制，除旧立新，激励约束，科学合理，充分调动各方的积极性，保证公寓文化持续健康的发展。（2）创新文化环境。学生公寓园区的美化、亮化、绿化，要体现人文关怀，体现学校特色，体现学生特点，符合时代发展，符合高等教育人才培养需求。（3）创新文化活动，构建公寓文化活动体系，弘扬主旋律，树立文化品牌，注重高品位，倡导积极、健康、高雅的文化活动，增强文化活动吸引力和凝聚力，激发学生的主观能动性和创造性，培养学生的创新思维和现代意识，不断开拓学生公寓文化建设的新局面。

三   坚持传承性与创新性相统一

江泽民曾指出："发展社会主义文化，必须继承和发扬一切优秀的文化，必须充分体现时代精神和创造精神，必须具有世界眼光，增强感召力。"胡锦涛也强调："推进文化发展，基础在继承，关键在创新。继承和创新，是一个民族生生不息的两个重要轮子。"习近平再次强调："对历史文化特别是先人传承下来的道德规范，要坚持古为今用、推陈出新，有鉴别地加以对待，有扬弃地予以继承。"因此，坚持文化的传承和创新，对于文化的丰富、繁荣和发展具有重大而深远的意义。

大学生公寓文化是社会文化的亚文化，对于推动社会文化的繁荣发展具有一定作用。文化传承是文化创新的基础保障，也是文化创新的必经之路，而文化创新是文化发展的动力源泉，离不开对优秀传统文化的传承。所以，公寓文化的传承要弘扬优秀传统文化、校园文化和公寓文化以及尊重学校历史，公寓文化的创新要与时代发展相适应、与现代文明相协调、与高等教育人才培养相吻合、与学生合理需求相匹配，不断推进优秀传统文化、社会主义先进文化、校园文化和公寓文化的互动融合，使学生公寓文化既保持鲜明的个性特色，又富于浓郁的时代精神，与时俱进地服务于学生的健康成长成才、服务于中国梦的实现。

总之，在学生公寓文化建设过程中，必须正确地处理好公寓文化传承与创新的关系，没有文化创新的突破，就没有文化传承的延续。文化传承和文化创新是紧密联系、相辅相成、辩证统一的关系，共同推动公寓文化的繁荣发展，使校园文化的育人功能不断得到丰富，使社会主义先进文化不断得到繁荣，使中华民族伟大复兴中国梦的文化根基不断得到巩固。

第四节　坚持科学性与人文性相统一

大学生公寓文化的科学性是一种科学的理性精神，蕴含学生特点、渗透学校精神、符合时代发展，而公寓文化的人文性是以人为本，教育人、尊重人、鼓舞人、鞭策人、培养人和关爱人，肯定人的价值。在公寓文化建设中，坚持公寓文化的科学性与人文性的统一，对于承担人才培养的历史使命具有重要的价值。

一　确保大学生公寓文化建设的科学性

随着社会的发展和高等教育改革的深入，大学生公寓文化在管理模式、服务理念、软硬件建设等方面发生了深刻的变化。同时，公寓文化在文化意识、价值目标、表现形式、文化构成等方面表现出求真务实、严谨规范、开拓创新的科学精神，满足大学生在一元主导下的多元文化需求，影响着人们的工作、学习、生活、思维和交往的方式。

弘扬科学精神，确保公寓文化建设的科学性。公寓文化是高校文化育人的重要组成部分，其以教师为主导、以学生为主体、以公寓为阵地、以公寓精神为特征，鞭策着大学生奋发向上和敢于担当，陶冶着大学生的高尚情操和道德品质，丰富着大学生的文化生活和精神世界，促进着学校校风、教风、学风的形成。所以，要在文化传承、文化创造、文化发展和文化繁荣的过程中时刻体现对真理的追求、对真理的探索、对真理的坚持，进而更好地引领公寓文化建设向科学的方向发展。

弘扬科学精神，孕育公寓文化建设的新内涵。科学精神是公寓文化建设的核心内容，是公寓文化繁荣发展的内在要求，是公寓文化的生命底蕴，是公寓文化的内在动力。同时，知识的传播要以中国特色社会主义理论体系为指导，以社会主义核心价值观为内容，以中国梦为引领，以大学生科学精神培育为目标，注重学生行为规范的约束、日常生活的养成，注重公寓文化精神的培育，引导学生的主体意识，培养学生的创造精神，促进学生成长成才，从而形成优秀的公寓文化。

弘扬科学精神，夯实公寓文化建设的根基。公寓文化建设坚持求真务实的科学精神，实事求是是公寓文化建设的坚实根基和内在规律，但实事求是也要敢于反思，总结公寓文化建设的成功经验和不足，探求公寓文化建设的内在规律。公寓文化依据不同时代、不同背景、不同区域的特点，呈现出独特的文化特性。所谓实事求是就是要客观公正对公寓物质文化、制度文化、行为文化和精神文化进行深刻反思，通过反思，规划文化建设的新构想和新目标，①建立科学的教育思想体系、价值观念体系和良好的风尚体系，形成学生公寓文化建设的内聚力和推动力。从而增强学生的归属感和认同感，激发学生的主动性和创造性，努力使大学生成为社会主义核心价值观的践行者和传播者。

二 彰显大学生公寓文化建设的人文性

公寓文化建设的人文性是指基于客观世界产生的以人为本的精神，是尊重人、依靠人、关心人、肯定人，把人作为最高价值和终极目的。爱因斯坦在《论教育》中说："学校的目标始终应当是：青年人在离开学校时，是作为一个和谐的人，而不是作为一个专家。"②哈佛大学校长德里·博克在哈佛350周年校庆时说，哈佛最值得夸耀的是进入哈佛的每一颗金子都发光。高等教育是为社会培

---

① 袁先潋：《学校文化力建设策略》，西南师范大学出版社2009年版，第190页。
② 《爱因斯坦文集》第3卷，商务印书馆1976年版，第146页。

养大写的"人"，即心灵解放、人格健全、全面发展的人。① 马克思指出"任何人的职责、使命、任务就是全面地发展自己的一切能力"。② 恩格斯也指出"每个人都无可争辩地有权全面发展自己的才能"。③ 因此，公寓文化建设要以人为本，从学生的需要出发，关注学生心智，提升学生的人文素养，促进学生全面发展，建设与之相应的彰显人文特色的学生公寓文化。

公寓园区的顶层设计、整体规划、长远设想要体现人文性。围绕学校的历史传统、文化积淀、培养目标以及生源特点等具体情况规划、设计学校的景观、雕塑、绿化、美化、亮化及风格，既要考虑公寓文化的丰富内涵和实用效果，又要追求公寓文化的审美价值和育人效果，力求达到教育人、感染人、引导人和激励人的目的。

公寓园区的制度设计要体现以人为本的精神。结合时代的特点和实际需求，使公寓文化建设工作做到有章可循、有据可查、有法可依。同时，根据形势的发展，要不断改进、完善和健全公寓文化建设的相关制度，广泛征求师生的意见，调动他们的积极性和主动性，让广大师生在公寓文化建设中得到认可和赞同，发挥其大学生公寓文化建设主人翁精神，并能够自觉接受和遵守公寓制度。另外，注重非制度文化对师生潜移默化的影响，感染人的情绪、陶冶人的情操、美化人的心灵、增强文化的人本性和渗透性。

公寓园区的各项服务要体现人本性。随着国家文明程度的提高，学生的个性需求越来越多，未来会有更多的学生要求私人化空间。例如，大学生结婚解禁等情况，都为公寓文化建设提出了更高的要求，要求公寓文化建设展现出更大的灵活性，以满足个性要求和多样化的需求。随着网络技术的发达，公寓园区网络覆盖亟须解决，以满足学生在公寓园区通过网络、网上图书馆等自主学习和休闲，同时为排解学生的压力、缓解学生的心理情绪，应在公寓园区通过有意义的方式把学生组织起来，进行入学指导、心理辅导、生

---

① 《大学的使命与大学生的责任》（http：//theory. people. com. cn/GB/41038/4500720. html）。

② 《马克思恩格斯全集》第 3 卷，人民出版社 1960 年版，第 330 页。

③ 《马克思恩格斯全集》第 2 卷，人民出版社 1960 年版，第 614 页。

活引导、医疗保健以及其他体现人文关怀的服务。另外，公寓园区的文化活动要体现个性化，应设计独特、别致、新颖、多样的文化活动，吸引具有不同兴趣的学生参加不同类型的活动，满足不同群体的个性需求，提升发展能力。

三　坚持科学性与人文性相统一

大学生公寓文化既含有科学性的成分，也含有人文性的成分。科学性强调尊重学生公寓文化建设的客观事实，寻求其发展趋势，探索其发展规律，利用其发展规律，具有求真务实、探索真理、敢于反思、勇于创新的精神，指导一元主导下的多元文化相互撞击产生新思想、新观点、新理念、新方法、新途径、新模式和新特点，从而能适应社会变化、满足时代要求、顺应科学发展、符合人才培养，更要引领社会发展、指导社会进步。人文性注重尊重人的价值，尊重人、关心人、爱护人、依靠人，体现人文关怀，以追求真善美为价值理想，以满足人的合理追求为最大幸福，以人的全面发展为终极目标，从而推动文化的繁荣、社会的进步。

公寓文化内容具有客观性和真理性、社会性和选择性，公寓文化的科学性内容是人文性形式的基础，公寓文化的人文性是科学性内容的载体，并为公寓文化内容服务。科学性是公寓文化人文性目的得以实现的途径和手段，人文性是公寓文化建设的出发点和归宿。总之，科学性与人文性共存于公寓文化之中，二者相互渗透、相互融合、相互依赖、相互促进、相辅相成，是不可分割的辩证统一关系。

第五节　坚持共性与个性相统一

大学生公寓文化的共性反映了公寓的发展规律，通常公寓文化的理念、教育方式、组织形式、管理制度以及育人目标等都具有普遍的共性。而公寓文化的个性则体现具有的特色，其中高校的办学历史、文化传统、学科专业、教风、校风、学风、精神风韵和文化品位等都呈现独特的个性。因此，不同高校的学生公寓文化建设也存在差异性。公寓文化建设是在共性的基础上，培育能反映自身独有精神和文化特质的个性文化。

一　注重大学生公寓文化建设的共性

公寓文化是校园文化的重要组成部分，是校园文化的亚文化，而校园文化是社会文化的重要组成部分，我国的社会文化是世界文化不可分割的重要组成部分。所以，公寓文化必须建立在世界文化、社会文化、校园文化等文化的基础上，通过对这些文化的选择、吸收、融合而形成自身的文化依托，这就是公寓文化的共性。

中华优秀传统文化经过千百年锤炼、世代相传，因兼收并蓄而博大精深，因求同存异而源远流长，因历史悠久而底蕴深厚，因推陈出新而独领风骚。中华优秀传统文化是中华民族的脊梁、血脉、灵魂和根基，是公寓文化建设的根本，是中华民族区别于其他民族的根本标志，也是中华民族屹立于世界民族之林的坚强后盾，中国优秀传统文化的教育引领信仰追求、价值取向、高尚品质、文明准则、思维方式和生活方式。

社会文化是社会的主文化、大文化、起主导作用的文化，而公寓文化根植于社会文化，在公寓园区呈现出社会文化的部分形态，影响着公寓文化，同时，公寓文化主题思想、主要内容的变化都离不开社会大环境。因此，学生公寓文化的繁荣与发展是在社会文化发展的影响下实现的。随着世界多极化、经济全球化的广泛深入以及新媒体的广泛应用，各种文化交织在一起渗透到大学校园、公寓园区、学生宿舍，大学生都以包容的心态、开放的姿态迎接、选择、吸收和融合这些文化，其中西方的感恩节、情人节、圣诞节等深受大学生的欢迎和喜爱，丰富了学生的公寓文化生活，随着市场经济体制的确立，为大学生公寓文化建设带来挑战和机遇，大学生的责任意识、竞争意识明显增强，为大学生公寓文化注入了新的生机和活力。

校园文化是大学在发展过程中，汲取社会主流文化和其他亚文化的精华而发展、进化和完善起来的一种大学文化，是一种特殊的

社会文化，是师生在特定的环境中创造的与社会、时代密切相关具
有校园特色的人文氛围、校园精神和生存环境。学生公寓文化建设
要遵循校园文化的发展规律，体现校园文化的共同特征。因此，校
园文化必然对学生公寓文化的个性化建设起着至关重要的作用，其
中，教风、校风和学风等校园精神势必会影响和延伸到学生公寓园
区，从而制约、熏陶、带动、激励学生的成长和个性发展，保证学
生公寓文化发展的持续性、协调性、导向性。

此外，各高校公寓文化的共性也体现在对物质文化、制度文
化、精神文化和行为文化的锤炼和形成，以及对人才培养目标的追
求、校园文化的丰富和繁荣、社会先进文化的辐射和促进作用。

二　凸显大学生公寓文化建设的个性

教育学家波斯纳（Posner）指出："你不需要在一个学校滞留太
久的时间，就能够感觉到这个学校的校园文化氛围。"[①] 这足以说明
文化个性的重要作用。公寓文化的个性强调的是不同学校公寓文化
的差异和特色，个性是公寓文化的本质和核心，是公寓文化的品牌
和精品、闪光点和着力点。作为个性发展的学校，应根据学校类
型、办学历史、专业特点，明确培养目标，适应社会的发展，形成
本校的公寓文化个性，以此有别于其他学校，做到"人无我有"或
"人有我强"。

个性体现在专业特色上。专业特色指引大学生的专业发展方向
和未来职业走向，对于培养学生的职业能力和专业素质具有重要意
义。例如，中国民航飞行学院突出专业特色，以准军事化文化氛围
为熏陶，建设飞行公寓文化，为学生营造专业熏陶的知识氛围、严
谨求实的学习风气、励志榜样的人文情境，促进飞行学院学生更加
健康地成长进步。[②]

个性体现在校园精神上，例如，清华大学的"自强不息、厚德

① Posner, J., "The Evolution of School Culture Research", In J. Posner (Ed.), *School Culture*, London: Paul Chapman, 1999, pp. 1－14.

② 张洪：《突出专业特色　建设飞行学生公寓文化》，《中国民航飞行学院学报》2011 年第 4 期，第 60—62 页。

载物”的校训，发扬“爱国奉献，追求卓越”的优良传统、“行胜于言”的校风以及“严谨、勤奋、求实、创新”的学风；① 北京大学“爱国、进步、民主、科学”的传统精神和“勤奋、严谨、求实、创新”的学风；② 南京师范大学以“正德厚生、笃学敏行”为校训和“严谨、朴实、奋发、奉献”的优良校风，砥砺学生“团结奋进”的拼搏意识，塑造学生“追求卓越”的创新精神；③ 河南师范大学以“厚德博学、止于至善”为校训，“明德、正学、倡和、出新”的校风和“尚诚朴、勤学问、重团结、养正气”的优良学风，砥砺学生“师道罔极、自强不息”的优秀品质，塑造学生“敢为人先”的创新精神等，④ 都分别孕育着学生公寓文化的特色。

个性体现在人本关怀的管理模式上，如青岛黄海学院以满足学生的学习生活需求，体现“以学生为先”的服务理念，倾情打造的宜学、宜居的书院式生活园区。每个公寓单元居住4位学生，内设高床，下部放置个人书桌，沿外墙设置卫生间、阳台，配备洗脸台盆、坐便器、淋浴器和室内晾衣架等卫生用具。公共用房分为书院公共活动用房和楼层公共活动用房两个层次，将洗衣服务、社交活动、文娱活动、自习、电视、展示以及外部庭院空间组织在一起，为学生打造环境宜人、服务人本的学习生活乐园，真切让学生公寓成为学生的学习之所、生活之家、快乐之家。⑤

个性体现在公寓文化标识、建筑物构造以及文化活动设计上，比如，河南师范大学的以学生公寓党员工作站为载体，发挥学生党员的示范、引领作用，浙江树人大学以“三字歌”为载体，深化“三字歌”的育人效果，都形成了独特的公寓文化。

总之，大学生公寓文化的个性和特色很大程度上取决于校园文

---

① 《清华大学学校沿革》（http：//www. tsinghua. edu. cn/publish/th/6174/index. html）。

② 《北京大学简介》（http：//www. pku. edu. cn/about/bdjj. jsp）。

③ 《南京师范大学简介》（http：//www. njnu. edu. cn/About/introduction. html）。

④ 《河南师范大学学校简介》（http：//www. htu. cn/s/4/t/188/p/1/c/4353/d/4362/list. htm）。

⑤ 《青岛黄海学院倾情打造宜居书院式生活园区》（http：//news. xinhuanet. com/edu/2013-07/19/c_ 125035729. htm）。

化的个性，它决定着公寓文化发展的独特性、新颖性和导向性。由于公寓文化只有独具个性、特色鲜明，才能在多元化的格局中立足发展、彰显特色，所以，公寓文化建设要从自身实际出发，传承发展学校历史文化，借鉴、选择、吸收、融合外来文化，凝练、培育、提升、彰显自身的公寓文化个性，以促进大学生公寓文化的纵深发展。

三 坚持共性与个性相统一

法国当代著名思想家、社会学家、哲学家埃德加·莫兰（Edgar Morin）曾说过："文化的统一性与多样性的双重现象是决定性的。"① 共性指不同事物所共同具有的普遍性质，② 个性指一事物区别于他事物的特殊性质。其中，共性是个性的前提和基础，决定学生公寓文化的基本性质；个性是共性的发展和升华，揭示各高校公寓文化之间的差异性。共性是绝对的，个性是相对的、有条件的。共性只能在个性中存在。任何共性只能大致包括个性，任何个性不能完全被包括在共性之中。

共性和个性是大学生公寓文化固有的本性，而公寓文化是共性与个性的统一体。坚持社会主义方向，体现时代特征，适应人才培养需要，满足学生合理诉求是共性；弘扬学校校风、教风、学风，积淀学校办学历史，传承学校精神，反映学校特色是个性。所以，大学生公寓文化建设在共性基础上，结合本校的实际和特点，凸显个性张扬，创造出适合自身发展、独具特色的公寓文化风格，以发挥公寓文化特有的育人功能。总之，大学生公寓文化的共性和个性相互依存、相互发展，不可割裂，二者缺一不可，并在一定条件下会相互转化。

---

① ［法］埃德加·莫兰：《复杂性理论与教育问题》，北京大学出版社 2004 年版，第 42 页。

② 《现代汉语词典》（第 5 版），商务印书馆 2005 年版，第 480 页。

第五章

大学生公寓文化
建设的内容

大学生公寓文化是校园文化的延伸和触角,是校园文化的重要组成部分,正确理解和把握公寓文化的内容,有利于公寓文化的繁荣和发展。随着公寓文化的多元化,其育人功能越来越突出、越来越重要、越来越受到重视。公寓文化的内容包括物质文化、制度文化、精神文化和行为文化。其中,公寓物质文化是表层文化,是公寓文化建设的基础;公寓制度文化是中层文化,是公寓文化建设的保障;公寓精神文化和行为文化是深层文化,是公寓文化建设的核心。① 以上四个部分是一个统一的整体,相互影响、相互制约、相互促进,共同促进公寓文化建设的繁荣发展。

第一节 大学生公寓物质文化

邓小平曾说:"精神文明说到底是从物质文明来的。"② "物质是基础,人民的物质生活好起来,文化水平提高了,精神面貌会有大变化。"③ 大学生公寓物质文化主要指公寓在基础设施、整体布局和宿舍内部配置等直观层面上的内容,因此,公寓物质文化是公寓文化的表层文化,也是公寓文化建设的基础,是其他公寓文化发展的

---

① 甘果:《大学生公寓文化的特征功能及构建策略》,《重庆教育学院学报》2009年第1期,第114—117页。
② 《邓小平文选》第3卷,人民出版社1993年版,第52页。
③ 同上书,第8页。

载体。

一　公寓物质文化的类别

物质文化是指人类物质生产过程及物质生产的实体性、器物性成果，其中凝聚了人类的精神因素。[①] 大学生公寓物质文化是公寓物质范围的文化层面，不同的学者对大学生公寓物质文化有不同的分类，总体概括主要有以下几个方面。

公寓基础性设施建设。基础性设施建设是指为学生的学习和生活提供公共服务的物质工程设施，是用于保证公寓文化正常运行的公共服务系统。基础设施是公寓文化发展的一般物质条件，主要涵盖公寓楼、水、电、暖以及管网系统，学生健康服务中心、体育场、生活娱乐场所、学生餐厅、图书馆、网络服务、超市、一卡通服务中心、银行、邮政、通信服务中心等，学生事务中心包括学生资助、心理咨询、职业规划、生活辅导、招生就业、学生社团等与学生服务相关的场所，[②] 宿舍内部基础设施包括床、个人书桌、Wi-Fi、休闲阳台、卫生间、洗脸台盆、坐便器、淋浴器和室内晾衣架等用具。

公寓景观性文化建设。景观性文化建设是指满足时代要求，提升环境品质，注重以人为本，提升学生人格素养，陶冶学生道德情操，最终实现人与自然的和谐，主要涵盖学生公寓园区独有的山、水、树，通过学校整体布局，楼堂馆所构造、景点安排、雕塑设置以及公寓楼、园区道路、路灯的命名和艺术化设计来实现。另外，公寓一草一木、一砖一瓦都散发着独特的文化气息，充满独特的文化内涵，传递着独特的文化品位，享受景观文化带来的幸福，可激励学生奋发向上。

公寓标志性文化建设。标志性文化建设是指公寓文化建设中，某些建筑物、雕塑等在公寓文化的传承中特别重要或饶有深意，能

---

① 　李成真：《大学文化与当代中国先进文化研究》，硕士学位论文，华中师范大学，2006 年。

② 　American College Personnel Association，"An American Imperative: Higher Expectations for Higher Education"，*Journal of College Student Development*，Vol. 37，No. 2，1996，p. 118.

体现师生的文化精神，也能证实公寓园区的历史传统或特殊经历，并在校内外传颂，主要涵盖标志性视觉识别系统、标志性建筑、标志性雕塑、标志性景观等。视觉识别系统包括学校校徽、校旗、校歌和公寓园区的标识以及办公事务用品的设计等，而标志性建筑包括蕴含学校历史文化的建筑物、现代化感很强的建筑物、名人名家捐助的建筑物以及构造独一无二的建筑物，如青岛环海学院书院式公寓。标志性雕塑包括纪念性雕塑、寓意性雕塑和装饰性雕塑等，如中南民族大学正在为学生公寓征集体现学校精神和特色的雕塑，而标志性景观包括供学生休闲的长凳小椅、庭院楼阁、灯光草坪等都营造特色的学生公寓文化氛围，激发学生奋发向上的独特品质。

公寓生态性文化建设。马克思、恩格斯曾说："人创造环境，同样环境也创造人。"① 充分说明物质环境对人的个性养成具有重要的作用，并互相影响。生态性文化建设是指以生物气候学和可持续发展为指导思想，以生态学的基本原理与方法规划、设计、建设布局结构合理且自然环境优良，人与自然关系和谐，集学习、工作、生活、休闲等功能于一体的人工生态系统，使公寓文化集人文性、知识性、观赏性、独特性于一体，努力打造学生的学习生活乐园。

二　公寓物质文化的地位

公寓文化由物质文化、制度文化、精神文化和行为文化等文化构成，这四种文化相互交织、相互影响，其中公寓物质文化是制度文化、精神文化和行为文化的载体和基础。

公寓物质文化承载着学校的历史，折射所在区域的文化传统。学校经过历史的积淀和洗礼，沉淀出底蕴深厚、氛围浓郁的公寓文化，蕴藏着厚重的历史美，散发着高雅的情趣美，隐现出深厚的涵养美。因此，公寓物质文化体现着学校的历史文化底蕴与地域的渊源，彰显地域特色，营造着人与人、人与自然的和谐，成为大学生健康成长成才的乐园。比如北京大学的畅春园学生公寓，原址是明朝明神宗的外祖父李伟修建的"清华园"。园内有前湖、后湖、挹

---

① 《马克思恩格斯全集》第 1 卷，人民出版社 1979 年版，第 43 页。

海堂、清雅亭、听水音、花聚亭等山水建筑，被称为"京师第一名园"。清代利用清华园残存的水脉山石，在其旧址上仿江南山水营建畅春园，目前已被列入文物保护单位。

公寓物质文化是推进公寓文化建设的必要前提和条件。公寓物质文化是公寓文化存在和发展的物质基础，也是公寓文化建设的重要途径和载体，力求做到建筑规划营造整体美、花草树木营造环境美、名人佳作营造艺术美、人际和谐营造文明美、自然景观营造和谐美、雕塑画像营造人文美。公寓物质文化使自然景观达到美化、绿化、亮化、净化，实现人与自然的和谐，使人文景观营造浓厚的公寓人文文化氛围，推动着物质文明和精神文明的协调发展，塑造大学生的高尚人格和道德情操。

公寓物质文化是公寓精神文化的物质基础与物质外显。一个学校的思想观念、精神面貌、价值取向及其行为方式，必须要通过一定的物化形态才能表现出来，学生在一定的环境中学习、生活和工作，这种环境势必会对学生心理产生影响。马克思、恩格斯说人创造环境，同样环境也创造人，就是这个道理。公寓物质文化是公寓精神文化的表现形式与表现载体，没有这种物质基础与物质外显，精神文化也就无从成形，无从显露。公寓物质文化与公寓精神文化是一种相互促进、相互依存、客观联系的关系，既以物化的形态存在，又以其独特的风格和文化内涵影响着学校的校风与学风，既是物质文化的标志，又是精神文化的体现，物质文化建设是精神文化建设的根本，精神文化建设是物质文化建设的目的，物质文化蕴含丰富精神文化，精神文化深化丰富物质文化，[①] 从而提高公寓文化品位，熏陶学生的心灵，激发学生成才。

三　公寓物质文化的特性

大学生公寓物质文化是公寓文化的重要组成部分，其所具有的特性是区别于其他公寓文化而存在的依据，具体有以下几个特性。

公寓物质文化的地域性。地域性强调学生公寓所处的自然环境

---

① 冯刚、柯文进：《高校校园文化研究》，中国书籍出版社 2011 年版，第 95 页。

和人文环境，包括自然环境的地域性和人文环境的地域性，其是公寓物质文化赖以生存和发展的重要因素、重要条件，公寓园区作为实体形态必定占据一定的自然空间，其区域范围内自然和人文环境构成了专属于此地域的文化，从而影响着公寓物质文化。同时，公寓物质文化也丰富和繁荣所在地域的文化，二者互相影响，互为作用。

公寓物质文化的历史性。历史性强调公寓物质文化蕴含着学校悠久的文化历史积淀，渗透着学校的优秀文化传统，凝聚着学校浓厚的人文关怀，体现着学校的办学理念、价值追求、校园精神和育人目标，同时，公寓物质文化尊重学校的历史，传承、延续、繁荣和发展学校的历史，营造浓郁的历史文化精神，印证学校历史的发展轨迹，让公寓园区处处彰显着学校历史文化气质，让学生处处感知历史文化传统，在潜移默化中接受文化的熏陶和感染。

公寓物质文化的结构性。结构性强调公寓物质文化整体布局的结构合理性，公寓物质文化并不是物质形态的随意堆砌和摆放，而是分散的实体物质文化在整体布局上形成一个结构鲜明、有机协调的物质文化环境，① 体现的是以人为本、文化传播、因地制宜、系统和谐、追求品位和持续发展的理念，反映学校的文化品位、审美水准和价值追求，彰显学校的文化理念、文化个性和文化特色，能激励学生爱校荣校的热情，鞭策学生立志成才的决心。

公寓物质文化的教育性。教育性强调学生公寓物质文化对学生润物细无声的教育作用。联合国教科文组织指出："除了正规的课程以外，学生置身于其中的环境也是一种教育要素或反教育要素。"这充分说明，相对课堂教育的教学育人之外，公寓物质文化也对学生起到潜移默化的教育作用。比如古老的公寓楼蕴藏学校的历史文化，传递着历届学生的精神风貌。公寓园区雕塑能传递给学生雕塑的寓意，满足学生的精神需求，从而激发学生的自豪感和求知欲望。

公寓物质文化的发展性。发展性强调公寓物质文化是一个动态

① 余清臣、卢元凯：《学校文化学》，北京师范大学出版社2010年版，第64页。

的过程，体现和谐发展、健康发展、持续发展的理念，随着时代的发展、社会环境的变化、高等教育的改革、学生特点的变迁，学生公寓物质文化也在不断地补充完善和创新发展，反映学校未来教育的发展趋势，从而推动着学生公寓物质文化与时俱进，熏陶、引领着学生成长成才。

四　公寓物质文化的规划

大学生公寓物质文化是公寓文化内涵和文化底蕴的主要承载者，具有历史传承和育人的重要功能。因此，公寓物质文化的设计和规划要科学合理，不断拓展公寓物质文化的育人作用。

公寓物质文化规划要尊重历史。公寓物质文化要体现学生公寓的外在形象、文化品位和文化底蕴，反映出学校精神风貌和育人宗旨。因此，公寓物质文化规划应尊重中国的优秀传统文化历史，尊重学生公寓园区所在区域的优秀历史文化，尊重学校的办学历史、文化积淀、价值追求，尊重古老的庭院楼堂的文化价值，以增强大学生对优秀传统文化历史的认同感、对区域优秀文化的荣誉感、对学校文化历史的归属感，从而增强大学生传承历史文化、弘扬历史文化的责任和使命。

公寓物质文化规划要尊重时代。公寓物质文化要把握规律性和时代特征，用可持续发展观引领公寓物质文化的规划与建设，积极适应时代赋予公寓物质文化的内涵，从内容和形式上不断增强公寓物质文化的吸引力和感召力，营造良好的公寓物质文化氛围，达到人与自然的和谐统一，为大学生的成长成才提供布局合理、风格独特、安全文明、环境优美的外部环境，激发大学生的学习兴趣、陶冶大学生的道德情操、培养大学生的健康人格，从而促进大学生身心和谐、健康发展，实现公寓物质文化的可持续发展、协调发展和科学发展。

公寓物质文化规划要尊重现实。公寓物质文化建设还处在初生阶段，有很多未知的领域去挖掘、去探索、去发展，因此，要有领导、有组织、有计划、有措施、有途径、有成效地进行超前谋划、全盘统筹、整体规划、分步实施的措施，保证公寓物质文化的统一性、协调性和可持续性。同时，要根据现有的自然空间、资金投入、人员配备进行统筹、计划和论证，构建符合学生发展规律，以增强学生价值目标追求，营造学生审美意向氛围。用苏霍姆林斯基的话说，就是努力使学校的墙壁也在说话。另外，要注重继承与创新相结合、科学精神与人文精神相结合、发展共性与突出个性相结合的学生公寓物质文化建设。

公寓物质文化规划要尊重学生。公寓物质文化建设要以人为本，尊重学生的价值，体现人本关怀的理念，使公寓物质环境真正尊重人、关心人、塑造人。设计使用无障碍系统、考虑功能分区，适宜不同人群，同时在交通上实现人车分流，减少车辆对学生的学习生活造成的不良影响，营造充满人性化的生活园区。另外，要积极引导学生的主体参与性，让学生充分认识到自己是学校的主人，也是物质文化建设的参与者，增强学生的主人翁意识和责任意识。

第二节　大学生公寓制度文化

《辞海》里解释制度："要求成员共同遵守的、按一定程序办事的规程。"[1] 制度文化最早源于企业文化，是企业文化的一个重要组成部分。当制度和文化连在一起形成制度文化的时候，制度原有的特征被赋予了新的内容。学生公寓制度作为一种规范行为的方法具有刚性，要求在一定范围内和特定时间里每个人都要遵守。因此，学生公寓制度文化具有强制性、工具性和时效性，[2] 而公寓制度文化是精神文化和行为文化的体现和保证。

一　公寓制度文化的类型

众所周知，制度是一种保障，文化是一种滋养，而制度文化是人们在社会生活中，因各种需要而创造和长期积淀而创造出的有组

---

① 《辞海》，上海辞书出版社 1979 年版，第 185 页。
② 范跃进：《论制度文化与大学制度文化建设》，《山东理工大学学报（社会科学版）》2004 年第 2 期，第 5—9 页。

织的规范体系。大学生公寓制度文化是学校历史文化积淀和师生经过长期积累创造的，对生活在公寓园区的师生起到约束和激励作用。① 根据不同的标准，学生公寓制度文化分为以下几种类型。

公寓制度文化按照强制性分为正式制度文化和非正式制度文化。学生公寓正式制度文化强调根据时代需要和师生意愿自觉创造的、以正规方式确定的、并在国家或学校进行监督和用强制力保证实施，是有形的、成文的、强制性的制度，如法律、法规、政策、规章、通知和细则等。学生公寓非正式制度文化强调师生在长期交往中无意识而形成的行为规则，是无形的、不成文的、软约束的制度，如价值信念、道德规范、伦理观念、风俗习惯和意识形态等。学生公寓正式制度文化和非正式制度文化是两个不可分割的组成部分，正式制度文化具有被动性、强制性、约束性和激励性，而非正式制度文化具有自发性、非强制性、广泛性和持续性。

公寓制度文化按照生成路径分为内生型制度文化和外生型制度文化。学生公寓内生型制度文化强调在学生公寓文化繁荣发展过程中，根据时代的要求、人才培养的需要和学生自身发展的需求，仅靠公寓园区师生推动学生公寓制度文化的持续创新生成。外生型制度文化强调利用外界力量，包括国家、社会、组织或公寓园区外的人员对学生公寓制度的规划、设计，经过一定的实践积淀转化为公寓制度文化。

公寓制度文化按照显现方式分为显性制度文化和隐性制度文化。公寓显性制度文化强调成文的、有形的，其具有强制性的法律、法规、政策、规章、通知和细则等，规范着师生的行为方式、引领着师生的价值取向。隐性制度文化强调师生对制度的认知、态度、意志、习惯等，是组织中看不见的"网"，具有只可意会不可言传的效果。

公寓制度文化按照主体不同分为主体型制度文化和非主体型制度文化。学生公寓主体型制度文化是公寓领导干部制度文化、公寓

---

① 张军凤：《学校制度文化的内涵、类型和构成要素》，《当代教育论坛》2011 年第 8 期，第 13—15 页。

管理员制度文化、公寓保洁员制度文化、公寓学生党员制度文化、公寓学生干部制度文化以及公寓学生制度文化等，而非主体型是公寓卫生制度文化、公寓安全制度文化、公寓评比制度文化等。

总之，不管学生公寓制度文化如何划分，只有目标一致，得到师生的认同、成为师生的习惯，前者为后者的转化、提升提供条件，后者为前者的稳定、补充提供载体，相辅相成、互为条件、互为补充，才能充分发挥学生公寓制度文化的育人作用。

二　公寓制度文化的原则

大学生公寓制度文化是公寓其他文化组成的连接点和顺利实施的保障，在公寓制度文化建设中，必须坚持政治性、合法性、民主性、育人性和发展性原则。

公寓制度文化建设应坚持政治性原则。列宁指出："在整个教育工作中，我们都不能持有教育脱离政治的旧观点，我们不能让教育工作不联系政治。"[1] 列宁强调学校不能不联系政治，不能脱离政治，大学生公寓制度文化建设必须坚持政治性原则，必须与党的方针、路线、政策相一致，与国家的宪法、法律、法规相吻合，与学校的规章、制度相统一。所以，党的路线政策、国家的法律法规、学校的规章制度是大学生公寓制度文化建设的基本依据，我们必须坚持用中国特色社会主义理论体系指导大学生公寓制度文化建设，用社会主义核心价值体系引领大学生公寓制度文化建设。[2]

公寓制度文化建设应坚持合法性原则。大学生公寓制度文化建设必须要合法化，不得与国家宪法、法律、法规和规章相抵触，不得与国家的教育法、高等教育法、教师法相违背，不得与本行政区域的地方性法规和行政规章、上级部门规范性文件以及学校的规章制度相矛盾，必须从源头保障公寓制度文化的合法性。同时，公寓制度文化的内容要合法化，公寓制度文化内容是构成制度体系的若干实体规则，只有保证实体规则的合法化，且充分体现以人为本理

---

[1]《列宁选集》第 4 卷，人民出版社 1972 年版，第 363 页。

[2] 冯刚、柯文进：《高校校园文化研究》，中国书籍出版社 2011 年版，第 141 页。

念，制度建设才具有实际的意义。另外，学生公寓制度文化的运行要合法化，在运行过程中不得有意无意损害程序，才能保障公平公正的实施。

公寓制度文化建设应坚持民主性原则。公寓制度文化建设应充分发挥公寓党组织的政治核心作用、监督保证作用和战斗堡垒作用，以确保民主监督、民主参与、民主协商机制得以贯彻落实。同时，充分发挥学生公寓广大师生员工参与民主管理的职能，亚当·斯密认为："在人类社会的巨大棋盘上，每个棋子都有它自己的走步原则，与立法机构企图强加于他的原则可能大相径庭。"① 斯密表明任何立法者不可能清楚地知道每个人的想法和境遇，必须通过广开言路，才能做到制度建设的科学性。因此，对于涉及公寓改革和重大决策以及师生切身利益的事项和热点问题，要及时召开教代会、学代会讨论通过，畅通民主管理渠道，及时了解大家关注、关心的热点和焦点问题。

公寓制度文化建设应坚持育人性原则。马克思指出："任何人的职责、使命、任务就是全面地发展自己的一切能力，其中包括思维能力。"② 恩格斯也指出："使社会全体成员的才能得到全面发展。"③ 因此，公寓制度文化建设要实现人的全面发展，培养中国特色社会主义事业建设者和接班人，就必须立足学校实际，坚持以人为本，结合学生特点和时代特征，充分发挥公寓制度文化建设的育人功能，从而促进学生全面发展。

公寓制度文化建设应坚持发展性原则。公寓制度文化不是一成不变的文化，具有动态性和发展性的特点，因此，要紧紧围绕时代特征、高等教育的人才培养目标、学校办学理念和学生特点，适时改进、补充、完善大学生公寓制度文化，不断创新公寓制度文化建设的途径和方法，丰富公寓制度文化的内涵和载体，使学生在公寓制度文化建设中不断提高思想素质、道德修养和人格魅力。

---

① Adam, S., *The Theory of Moral Sentiments* (Ed.), Prometheus Books, 2000, pp. 233–234.
② 《马克思恩格斯全集》第 3 卷，人民出版社 1960 年版，第 330 页。
③ 《马克思恩格斯选集》第 1 卷，人民出版社 1995 年版，第 243 页。

三　公寓制度文化的功能

大学生公寓制度文化是公寓文化建设中非常重要的内容，其层次结构决定着公寓制度文化的功能，使公寓管理意愿得以实现、师生行为得以规范、校园文化得以丰富。概括起来讲，学生公寓制度文化具有规范性、导向性、激励性和开放性等功能。

公寓制度文化具有规范性功能。公寓制度文化应遵照国家的法律、法规、地方性法规以及上级部门规范性文件和学校规章制度的精神，符合国家、社会、学校和师生的根本利益，具有很强的权威性和强制性，规定身在其中的师生向符合社会发展方向健康成长，体现着国家、社会群体对学校的期待和要求，要求师生自觉遵守和服从。另外，学生公寓经过长期历史积淀形成的传统习惯、精神追求、道德观念等非正式制度文化，约束和制约着公寓的环境和风气。在一定情况下非正式制度比正式制度更具有权威性、强制性和约束力，当师生的言行举止不符合制度规范的要求时，他们就会自我调节，纠正存在的问题和不足，提升自身的素质和修养，以达到学生公寓制度文化的要求，从而保障学生公寓文化建设得以顺利实施、繁荣和发展。

公寓制度文化具有导向性功能。公寓制度文化具有很强的教育引导作用，在制度文化的影响和熏陶下，不断丰富师生的思想内涵，使师生对学校和学生公寓园区的育人目标、价值取向有认同感，并以良好状态保障工作的顺利进行，同时也能通过师生积极健康的精神面貌引领社会的价值追求，从而推动社会物质文明和精神文明协调发展。另外，对于不符合公寓文化发展的价值取向、道德准则和行为方式，通过制度文化的导向发挥，使其得到调节和抑制，以确保学生公寓文化的健康发展。

公寓制度文化具有激励性功能。学生公寓制度文化蕴含着特有的激励机制，能营造有序、合理、公平公正的育人环境和氛围，使处于制度文化辐射范围内的师生不由自主地激发出潜能和激情，调动师生员工参与学生公寓文化建设的积极性、主动性和创造性，鞭策着师生的奋斗目标与公寓文化的育人目标相符合、个人理想与社会主义共同理想相吻合。

公寓制度文化具有开放性功能。公寓制度文化建设过程中，对内结合办学理念、校园精神和文化底蕴，广泛征求师生员工的意见和建议，符合学校的人才培养目标，满足学生的精神需求和发展需要，而对外海纳百川、吸取精华、选择融合，在内容和形式上不断完善和丰富公寓制度文化，在途径和方法上不断创新和发展公寓制度文化，使公寓文化符合时代特征、符合立德树人的根本要求，从而引导师生朝着实现中华民族伟大复兴的中国梦而不断地努力奋斗。

四 公寓制度文化的塑造

大学生公寓制度文化的塑造使师生通过规章制度的外力培养自控力，内化为师生的价值观念和行为准则，通过师生的内力外化为引领文化潮流的推动力，从而推动师生的自身全面发展与社会的整体进步协调统一。邓小平指出："制度好可以使坏人无法任意横行，制度不好可以使好人无法充分做好事，甚至走向反面。"① 公平是一种基本的制度价值，公正是以事实为依据，以法律为准绳，实现人人平等，共享出彩机会。因此，必须以公平公正、客观科学的目标，与时俱进，建立与时代相适应的公寓制度文化体系。

公寓制度文化应体现公平公正。公寓制度的制定要公平公正，让师生都有参与权和发言权，不能偏向任何一方，确保公平正义。同时，制度的实施也要公平公正，共同遵守，不能因人而异，尽可能反映广大师生的切身利益，注重主体利益之间的平衡，主体利益的范围越大、程度越广泛，制度越公平公正、客观科学。

公寓制度文化应体现以人为本。公寓制度文化必须以以人为本、民主高效为目标，发挥师生的主体作用，建立与师生需求相适应的制度文化体系。公寓文化制度建设的根本要义就是要繁荣公寓文化，尊重师生权利，满足师生需要，促进师生发展。因此，在公寓制度制定过程中，要重视全过程、全方位和全员育人，以学生为

① 《邓小平文选》第 2 卷，人民出版社 1994 年版，第 333 页。

主体、以教师为主导，以管理促服务，以服务促品位，以品位提升文化。同时，要广泛听取专家、学者和师生的意见和建议，借鉴吸收其他高校公寓制度文化建设的经验和智慧，进行反复的论证和讨论，对存在的分歧科学合理地修订和完善，并不断创新，经过一定的形式进行表决同意后实施，确保制度文化符合师生需求。

公寓制度文化体现合理合法。公寓制度文化必须以合理合法、权威规范为目标，遵守法律，建立与法律法规相适应的制度文化体系，教育部为贯彻落实党的十八大精神和《国家中长期教育改革和发展规划纲要（2010—2020 年）》，2013 年 1 月出台实施《全面推进依法治校实施纲要》强调：学校要扩大有序参与，加强议事协商，完善基层民主制度，切实通过教职工代表大会、学生会等组织，保障师生的知情权、参与权、表达权和监督权，要完善决策执行与监督机制，在学校内部形成决策权、执行权与监督权既相互制约又相互协调的治理结构，实现高校管理决策的科学化、民主化和法治化。① 由于大学生公寓文化是高校管理的重要组成部分，因此，公寓制度文化建设必须与国家法律法规、地方性法规和行政规章、上级部门规范性文件以及学校的规章制度相适应，制定符合学校实际，维护师生的合法权利，弱化人为管理，强化制度约束，且使法治与德治有机统一，体现对师生的关怀，尤其是对学生的关爱，促进大学生公寓制度文化的可持续发展。

第三节　大学生公寓行为文化

随着校园文化研究的不断深入，发现校园主体的行为模式是校园文化的重要组成部分，对学校的发展有十分显著的影响。然而行为模式既不属于精神文化，也不属于物质文化，更不属于制度文化，随之就有了校园行为文化。② 因此，大学生公寓行为文化也应

---

① 《国家中长期教育改革和发展规划纲要（2010—2020 年）》，2010 年 7 月 29 日。
② 余清臣、卢元凯：《学校文化学》，北京师范大学出版社 2010 年版，第 97 页。

运而生。

一 公寓行为文化的内涵

《现代汉语词典》解释行为的概念是："受思想支配而表现出来的活动。"① 可以看出思想决定意识，意识决定行动。行为文化是人们在生活、工作中所贡献的、有价值的、促进人类社会发展的经验和创造性活动，是通过人的行为体现出来的有形文化。② 校园行为文化是师生在学习工作和生活实践中，为学校发展和文化繁荣所贡献的、有价值的、促进先进文化发展的创造性活动及其蕴含的文化形态的总和。但是，行为文化并不等同于行为，行为文化是透过行为（如思维方式、行为习惯、人际交往、生活旨趣等）折射出人们的行为习惯、生活模式、信仰精神、人格魅力、价值追求、文化品位等而体现出来的有形文化。因此，校园行为文化是学校精神、办学理念、精神面貌的动态体现，行为文化建设是文化建设的最终落脚点。

校园行为文化是个体行为和大学行为的有机结合。无论是物质文化、制度文化，还是精神文化的作用，最终是通过师生的行为表现而显露出来，正像一个人的言谈举止、一颦一笑，无不反映着一个人的气质、修养和品位。大学也是如此，如人们常说的"北大人"、"清华人"、"南师人"等，在百年名校学习、工作、生活，受到学校特有文化的长期熏陶，在"润物细无声"的环境中，使师生的思维方式、行为方式都会带有学校独特的文化烙印。③

大学生公寓行为文化是大学生在公寓园区表现出的精神状态、文化品位、行为模式（包括学习行为、生活行为、娱乐行为、交际行为、网络行为等）等，凝聚了浓厚的公寓精神和文化品位，彰显学生的行为模式和人格修养，陶冶学生的高尚情操和道德品质，从而丰富学生的文化生活和精神世界。本校学生公寓行为文化形成过

---

① 《现代汉语词典》（第 5 版），商务印书馆 2005 年版，第 1524 页。
② 周麟：《试论行为文化建设》，《岭南文史》2013 年第 3 期（卷首语）。
③ 周华琼：《行为文化·大学文化建设的关键》，《上海理工大学学报（社会科学版）》2013 年第 2 期，第 161—165 页。

程中，学校历史文化、校园精神、优良传统、校风教风学风以及学校生源等，都对公寓行为文化产生不可替代的影响，同时对形成独特的行为文化起着重要的作用，比如河南师范大学的学生勤奋好学、内敛谦逊、待人真诚、敢于创新的品质，得到社会的认同。《新世纪周刊》曾经做过调查，河南师范大学学风满意度位居全国第三，①"学在师大"是学生的重要行为文化。

　　总之，人的一切行为，都可以看作是与特定环境相联系的产物。因此，大学生公寓行为文化对于学生的健康成长成才具有导向、规范、教育和激励作用，不仅影响着学生的思想观念、心理品质、知识视野、生活方式、行为习惯等，也影响学生的价值取向和精神追求，甚至影响学生的未来发展。

　　二　公寓行为文化的内容

　　大学生公寓行为文化以提升师生的行为习惯、文明素养为切入口，以理念熏陶学生行为方式为突破口，通过习惯提升境界，通过理念引领行为，使学生产生对目标的认同感，增强凝聚力，规范师生的行为，产生内聚力，从而推动公寓行为文化健康发展。公寓行为文化的内容主要包括公寓管理行为文化、公寓领导行为文化、公寓教师行为文化和公寓学生行为文化。

　　公寓管理行为文化。管理行为文化是以公寓物质文化为载体，以公寓制度文化为表现形式，以公寓精神文化为核心，制约并引领着学生公寓辐射范围内师生的行为方式。公寓管理行为文化为学生公寓内部组织和个人的行为活动提供了载体和平台，有利于管理行为转化为师生的行为实践。因此，加强学生公寓管理行为文化建设能促进高校管理有效性的增强，能培育和提升公寓精神，能维系和构建公寓文化秩序，能塑造师生的思想观念、心理素质、思维方式、精神状态和行为方式，进而塑造和发展公寓文化品位，促进大学生的全面发展。

　　公寓领导行为文化。公寓领导行为文化是公寓文化的塑造者、

---

　　① 李树华：《让"学在师大"美誉更美》，《河南日报》2013 年 7 月 31 日。

推动者和创新者，俗话说，火车跑得快，全靠车头带，所以公寓领导行为文化对于学生公寓文化建设起关键作用。领导行为往往受职能规范和社会规范或领导制度的约束，表现出一定的规范性、权威性。另外，由于领导行为文化的个性色彩，又表现出领导个体对规范约束较大的超越性，形成独特的风格或模式。① 因此，领导行为的理想追求、价值观念、道德情操和气质作风，激发着师生积极向上、勤奋务实、求真好学、敢于创新的热情。

公寓教师行为文化。公寓教师行为文化作为一种职业性的群体文化，是教师文化的一部分和显性表征，是指教师的行为本身和通过行为所表现的思想观念、社会心理、行为举止、风俗习惯等反映教师的内在素质、个性修养和文化品质，同时也反映整个学校的外部形象和文明程度，公寓教师行为文化具有示范性、纯正性、清高性、自控性等特点。正如哲学家康德所说："人是唯一必须接受教育的动物。人只有通过教育，才能成为人。"② 另外，公寓教师行为文化也承载着传递人类文化的使命，不仅影响着学生的精神世界，也对学生世界观、人生观、价值观和发展观的形成具有重要的引导作用。③

公寓学生行为文化。公寓学生行为文化是学生公寓文化的一种亚文化，是通过学生的行为本身所表现出特有的社会心理、思想观念、思维方式、风俗习惯等，不仅反映学生的内在修养、精神风貌、价值理念和生活态度，更深层次地反映学校的办学理念和人才培养目标。总之，公寓学生行为文化是良好校风、学风形成的重要基石，是大学生健全人格和心理品质形成的重要表现。

三　公寓行为文化的建设

建设公寓行为文化应该以组织建设为载体，以队伍建设为引领，以思想教育为核心，以社会实践活动为补充，积极培育出特色

---

① 李楠：《论我国现代领导文化的构建》，硕士学位论文，内蒙古大学，2008 年。
② 周浩波：《教育哲学》，人民教育出版社 2000 年版，第 95 页。
③ 葛金国：《校园文化：理论意蕴与实务运作》，安徽大学出版社 2006 年版，第 138 页。

鲜明，适应形势发展需要，能够激励师生的公寓行为文化。

加强组织建设，搭建组织行为文化平台。学生组织在公寓行为文化建设中，发挥着不可替代的作用。要把党组织、团组织、公寓学生自治组织建设作为核心工作来抓，处理好各自的角色定位：原则立场党挺身，青年成长团引导，学生事务自主持，日常行为宿通气。党组织不断增强党员意识、锤炼党员修养、展示党员形象，充分发挥党支部战斗堡垒作用和党员的先锋模范作用，团组织发挥组织青年、引导青年、服务青年、维护青年权益的功能，而学生自治组织发挥自我教育、自我管理和自我服务的作用，从而充分发挥各自行为文化的引领作用。

加强队伍建设，发挥队伍行为文化作用。管理学生事务的师生行为文化特征是负责学生的全面发展，传递合作性强、行动胜于思考的重要信号。[1]公寓各级领导干部以及学生骨干要注重通过自己的言行举止、人格魅力影响学生，锤炼自己的思想，积极主动地用中国特色社会主义理论体系最新成果武装头脑，牢固树立正确的世界观、人生观和价值观，坚定自己的信念，提升自己的政治辨别能力。同时，要善于学习探究，开阔自己的视野，提升自己的业务工作能力，及时给学生精准的指导和优质的服务。另外，要乐于助人，积极主动走进学生宿舍，参与学生活动，体察学生情绪，了解学生诉求，以自己的言行举止、为人处事给学生以示范，走进学生的心灵，使教育和引导收到润物无声的效果。

加强思想教育，提升行为文化的思想性。坚持用中国特色社会主义理论体系的最新成果武装学生，用社会主义核心价值体系教育学生，充分发挥主体报告会的教育作用，加强大学生的新生入学教育、理想信念教育、诚信爱国教育、民族精神教育、公民道德教育、励志成才教育、创新思维教育、身心和谐教育、专业思想教育、就业观念教育，充分发挥思想政治教育对学生行为文化建设的引领作用，教育学生在学习实践中将其内化为坚定的政治信仰，转化为报效党和国家的实际行动，从而成为中国特色社会主义事业建

---

① 郑金洲：《教育文化学》，人民教育出版社 2000 年版，第 272 页。

设者和接班人。

加强实践教育，丰富行为文化的内容。以科学发展观为指导，以实践锤炼工程为统揽，结合学生的专业特长，引导大学生走出校门，深入农村，积极推进社会实践工作，在实践中提高学生素质，增强学生的历史使命感和社会责任感,① 同时，活跃大学生的课余生活、提高大学生的综合能力，培养大学生具有敏锐的洞察力、明辨是非的能力和丰富的想象力，引导大学生具有独立自主的思考能力、大胆创新的开拓能力及敢于自省的自我剖析能力，进而不断提高大学生的行为能力和核心竞争力。②

四　公寓行为文化的准则

加强师德师风建设，强化学生爱国修身，应推进实施学生公寓行为文化的准则。学生公寓行为文化准则主要包括公寓领导干部、公寓管理员和学生等方面的行为文化准则。

公寓管理干部行为文化的准则：（1）政治坚定，勤奋学习。坚定共产主义理想信念，坚定正确的政治方向，努力用中国特色社会主义理论体系构筑精神支柱，忠诚党的教育事业，提高公寓服务水平和业务能力。（2）加强修养，公道正派。坚持以德为先，注重个人思想品德修养，自觉贯彻执行公寓的各项规章制度，正确行使手中的权力，自觉维护公寓师生的利益，杜绝无组织、无纪律现象，树立良好的公寓干部形象。（3）顾全大局，真抓实干。树立大局观念和集体意识，认真履行岗位职责，杜绝互相推诿扯皮现象，勤勉敬业，团结友爱，营造积极进取的公寓和谐氛围。（4）改革创新，率先垂范。敢于创新，勇于担当，以身作则，清正廉洁，讲究实效，率先垂范，积极开创公寓工作的新局面。

公寓管理员行为文化的准则：（1）爱国守法。热爱祖国，热爱人民，拥护中国共产党领导，拥护中国特色社会主义制度。遵守宪

---

① 丁笑生：《大学生思想政治教育工作实践与探索》，《江苏高教》2013 年第 3 期，第 126—127 页。

② 丁笑生：《浅谈辅导员工作的实践创新》，《教育与职业》2013 年第 8 期，第 72—73 页。

法和法律法规，贯彻党和国家的教育方针，依法履行公寓管理员职责，维护学生公寓稳定和谐。不得有损害国家利益和不利于学生健康成长的言行。（2）敬业爱生。树立崇高的职业理想，以人才培养、公寓服务和文化传承创新为己任，恪尽职守，甘于奉献。终身学习，刻苦钻研，真心关爱学生，严格要求学生，公正对待学生，做学生的良师益友，不得损害学生和公寓的合法权益。（3）服务社会。勇担社会责任，为国家富强、民族振兴和人类进步服务。同时，传播优秀文化，热心公益，主动参与社会实践，自觉承担社会义务，积极提供专业服务。（4）为人师表。学为人师，行为世范，以高尚师德和人格魅力教育感染学生。同时，模范遵守社会公德，维护社会正义，引领社会风尚，举止文明，自尊自律，廉洁清正，自觉抵制有损公寓管理员声誉的行为。

学生行为文化的准则：学生的最大受益，就是因为有良好的做法。① 因此，规范学生的行为，对于提升学生的人格修养和道德情操具有重要作用。（1）志存高远，坚定信念。认真学习中国特色社会主义理论体系，坚定中国特色社会主义的道路自信、理论自信、制度自信，努力成为中国特色社会主义事业建设者和接班人。（2）遵纪守法，弘扬正气。遵守宪法、法律、法规，遵守校纪、校规和公寓规章制度，敢于同违法违纪、不良现象行为作斗争，弘扬社会正能量。（3）勤奋学习，自强不息。崇尚科学，求真务实，追求真理；态度严谨，刻苦钻研，勇于探索；积极实践，勇于创新，追求卓越。（4）诚实守信，明礼修身。弘扬传统美德，遵守社会公德，文明使用互联网，自觉抵制黄、赌、毒等；关心集体，爱护公物，热心公益；尊敬师长，友爱同学，团结合作；仪表整洁，待人礼貌，豁达宽容；勤俭节约，艰苦奋斗，杜绝浪费。（5）强健体魄，热爱生活。积极参加公寓文化活动，提高身体素质，增强心理适应能力；磨砺意志，不怕困难，增强受挫适应能力；关爱自然，保护环境，增强促进和谐能力。

---

① Kuh, G. D., Pace, C., Vesper, N., "The Development of Process Indicators to Estimate Student Gains Associated with Good Practices in Undergraduate Education", *Research in Higher Education*, Vol. 38, No. 4, 1997, pp. 435-454.

第四节　大学生公寓精神文化

德国哲学家雅斯贝尔斯认为："大学是生存在永无止境的精神追求中。"① 换句话说，大学生公寓文化也是生存在永无止境的精神追求中。学生公寓文化是校园文化的重要组成部分，而公寓精神文化是公寓文化的内核文化，是公寓文化的灵魂和精髓，在长期历史积淀中形成的公寓文化参与者所认同和遵循的思想观念、价值取向和道德准则，凝聚着学生公寓的精神面貌和文化品位以及学生公寓管理者对大学生进行教育活动中，所表现出的思想观念、价值追求、道德情操。

一　公寓精神文化的内涵

英国著名学者阿诺德说："人类精神的理想在于不断地扩充自身、扩大能力、增长智慧，使自己变得更美好。"② 眭依凡教授认为大学文化是"形成一个以精神文化为核心、制度文化居中、环境文化处外的，彼此互相依存、互相补充、互相强化，共同对学校教育发生影响的文化同心圆"。③ 这说明精神文化的重要性。同样公寓精神文化是公寓文化的深层文化、核心文化、内核文化，对公寓相关文化具有引领功能，对校园文化具有丰富作用，是社会先进文化的有益补充。公寓精神文化的精神具有科学精神、人文精神、奉献精神和创新精神。

公寓精神文化具有科学精神。科学是关于自然、社会和思维的知识体系，是社会实践的总结，并在社会实践中得到检验和发展，

---

① ［德］雅斯贝尔斯：《什么是教育》，邹进译，生活·读书·新知三联书店 1991 年版，第 139 页。

② ［英］马修·阿诺德：《文化与无政府状态》，生活·读书·新知三联书店 2002 年版，第 10 页。

③ 眭依凡：《关于大学文化建设的理性思考》，《清华大学教育研究》2004 年第 1 期，第 11—17 页。

是精神文明的重要内容。恩格斯指出：“在马克思看来，科学是一种在历史上起推动作用的革命的力量。”①也正如西班牙学者加塞特精辟的阐述：“大学在能够成为大学之前必须是科学性。”②科学精神是一种敢于质疑、否定，反对独断、虚伪和谬误的一切求是态度，是勇于维护真理、追求真理的执着追求。因此，弘扬科学精神必将是学生公寓精神文化建设和发展的主旋律，要求大学生尊重优秀民族传统文化、区域传统文化、学校历史文化，重视公寓精神文化发展的价值和贡献，注重专业技能的学习与培养，注重掌握科学的方法，探索客观规律，追求科学和真理，弘扬学生公寓精神文化。

公寓精神文化具有人文精神。人文是指人类社会的各种文化现象，其本质是人文精神。人文精神是人类在社会实践中形成的价值观念、思维方式、道德情操和行为规范。学生公寓精神文化的人文精神应尊重人的价值和需要、注重人的发展和完善、强调理想人格的肯定和塑造，不断提高学生的理论素质、增强学生的辨别能力、净化学生的思想修养、塑造学生的美好心灵、激发学生的能动性和创造性，从而推动学生公寓文化和学校精神文明的进步、先进文化的繁荣发展。

公寓精神文化具有奉献精神。奉献是指义务性地为集体、社会、国家所做的事，列宁认为“奉献是一种为社会进行的无报酬的劳动”。③因此，奉献是一种态度，是一种行动，是一种美德，也是一种信念。奉献精神是社会责任感的集中表现，是中华民族的传统美德，是当今社会的时代风范，更是当代大学生的精神风貌。学生公寓精神文化建设的奉献精神体现在公寓管理人员对学生奉献行为的引导，以敬重的态度从业、以仁爱之心待人，让大学生在潜移默化中领悟奉献精神的精髓。同时，体现在大学生的身体力行，努力做好每一件事、认真善待每一个人。

公寓精神文化具有创新精神。创新是一个民族的灵魂，创新意

---

① 《马克思恩格斯选集》第3卷，人民出版社1995年版，第777页。

② ［西］奥尔托加·加塞特：《大学的使命》，徐小洲、陈军译，浙江教育出版社2001年版，第98页。

③ 《列宁选集》第4卷，人民出版社1972年版，第176页。

识是大学生最重要的素质，而创新精神是一种勇于抛弃旧思想旧事物、创立新思想新事物的精神。马克思说："辩证法在对现存事物的肯定的理解中同时包含着对现存事物的否定的理解，即对现存事物的必然灭亡的理解。"① 因此，要敢于质疑公寓精神文化与时代发展、学生需求不相适应的东西，用辩证否定的态度和眼光看待一切，培养学生的创新思维，推动公寓精神文化不断创新发展，实现培养创新型人才的目标。

二　公寓精神文化的功能

大学生公寓精神文化是公寓文化的核心和灵魂，其功能是无形的、巨大的，通过信念的力量，引导和规范师生的思想行为，挖掘和培育师生的价值观念，激励和凝聚师生的精神力量。

公寓精神文化具有政治导向功能。高等教育的根本任务是"立德树人"，培养中国特色社会主义事业建设者和接班人。学生公寓精神文化体现公寓主体的思想意识和价值观念，具有重要的目标导向作用，通过科学思想的武装、正确舆论的引导、崇高精神的塑造和优秀文化的熏陶，规范和塑造师生的思想观念、价值取向、道德规范和行为准则，形成团结、进取、融洽的人际关系和客观、公正、科学、理性、和谐的公寓精神文化氛围，帮助师生树立坚定的共产主义理想和信念，树立科学的世界观、人生观和价值观，为学习和掌握科学理论打下坚实的基础，从而确立为建设有中国特色社会主义而奋斗的政治方向。

公寓精神文化具有感化激励功能。"步入著名学府，总会感受到校园里有种奔涌的、富有生命的东西不断地撞击着你的心灵，使你感动、兴奋、激越、升腾。这种东西不是别的什么，而是该校特有的无形之精神文化与有形的地理环境的复合体。"② 学生公寓精神文化的精神内涵和价值理想能激发师生的愿望动机，诱导师生的思想行为，唤起师生的高尚情感，从而激发职工为实现自身价值和公寓

---

① 《马克思恩格斯选集》第 2 卷，人民出版社 1995 年版，第 112 页。
② 眭依凡：《大学校长教育取向对教育方法的影响》，《教育研究》2001 年第 8 期，第 19—24 页。

文化发展而勤勉工作、无私奉献，激励学生为实现自己的理想和社会需要而刻苦学习、乐于奉献，让师生沉浸在和谐、舒心、积极、健康的精神文化氛围中，从而产生奋发向上的力量。

公寓精神文化具有群体凝聚功能。群体凝聚功能是指群体对成员的吸引力和成员对群体的向心力以及成员之间人际关系的紧密程度综合形成的，使群体成员固守在群体内的内聚力量。学生公寓精神文化所蕴含的价值观念、精神追求和理想目标一旦被全体师生认同和接受，就能产生一种向心的吸引力和内聚力，激发师生对学校强烈的使命感和责任感，建立起人与人之间高度理解、友谊、信任、和谐的群体关系，增强公寓凝聚力，使物质力量和精神力量相融合、物质文明和精神文明相统一，从而使公寓里的消极因素转化为积极因素、离心力转化为向心力，增强公寓的群体凝聚力。

公寓精神文化具有社会辐射功能。胡锦涛曾说："高等教育是优秀文化传承的重要载体和思想文化创新的重要源泉。"公寓文化在校园先进文化中发挥着无可替代的作用，学生公寓是学生文化熏陶和塑造的主战场、主阵地，更重要的是学生通过自己的言行举止不自觉地把公寓精神文化向社会传播，实现公寓精神文化的辐射功能，从而对社会主义精神文明建设起到积极的推动作用。

三　公寓精神文化的要素

大学生公寓精神文化不是一朝而成的，而是受校园精神文化、公寓管理主体素质和公寓整体规划设计等要素的影响经过长期的历史沉淀、积累、创新而发展起来的，对于大学生健康成长和文化的传播具有重要作用。

校园精神文化熏陶。校园精神文化主要是大学理念，包括办学指导思想、办学理念、办学传统等，主要回答大学是什么即大学的本质认识问题。校园精神文化不是一蹴而就的，其诞生过程可分为三个阶段，首先是初步形成阶段，学校历史积累到一定阶段，校园文化精神开始崭露头角，并被正式提出。其次是发展阶段，经过几代人的实践创新，独具特色的校园精神文化形成，并被师生认同内化。第三是成熟阶段，经过几代人的提炼归纳、完善定型、传播肯定，是学校一代代师生共同智慧的结晶。① 校园精神文化通过师生和自身的渗透作用、辐射作用，成为影响学生公寓精神文化形成和发展的关键要素。

公寓管理主体的素质。俄国著名教育家乌申斯基曾指出："教育者的人格是全部教育的基础"，"教师道德对学生心灵的影响是任何教科书、任何道德箴言、任何惩罚和奖励制度都不能代替的一种教育力量"。教师的高尚人格是引导和激励学生完善人格的精神力量，因此，公寓管理人员自身的思想素质和人格魅力以及管理水平也是公寓精神文化形成和发展的重要因素。中共中央、国务院在《进一步加强和改进大学生思想政治教育的意见》中强调指出："高等学校各门课程都具有育人功能，所有教师都负有育人职责。广大教师要以高度负责的态度，率先垂范、言传身教，以良好的思想、道德、品质和人格给大学生以潜移默化的影响。"② 进一步说明学生公寓管理人员的言行举止、服务能力、管理水平、思想修养和政治觉悟对公寓精神文化建设推动的重要作用。同时，作为主体参与公寓精神文化建设的学生，他们的民族习惯、宗教信仰、家庭背景等影响着公寓精神文化内聚力的形成，他们的思想修养、人格魅力、价值追求和道德情操等直接关系着公寓精神文化的建设和发展。

学生公寓的整体规划。学生公寓的整体规划、设计独特，反映办学历史、办学理念的楼堂会所，反映校训、校风的文化长廊或主干道，寓意深刻的景观雕塑或山石，富有哲理鼓舞人心的格言警句、办学箴言、标语口号，体现人本关怀的公寓园区绿化、美化、亮化工程以及体现人际关系和谐，人与人之间平等、友爱、互助的良好氛围，营造着学生公寓独特的精神文化氛围。

四　公寓精神文化的培育

大学生公寓精神文化的培育是一个继承借鉴、选择融合和创新发展的过程，离不开科学的指导、校园精神的熏陶和文化活动的创

---

① 冯刚、柯文进：《高校校园文化研究》，中国书籍出版社 2011 年版，第 161 页。
② 《关于进一步加强和改进大学生思想政治教育的意见》（中发〔2004〕16 号），2004 年 8 月 26 日。

造作用。高等教育的根本任务是"立德树人"。所以，建设公寓精神文化，必须反映高等教育人才培养的指导原则，确立社会主义核心价值体系的主导地位。坚持不懈地用马克思主义中国化的最新成果武装师生头脑，牢固树立中国特色社会主义共同理想，大力弘扬以爱国主义为核心的民族精神和以改革创新为核心的时代精神，积极践行和培育社会主义核心价值观。

深入开展校风、教风、学风建设和公寓主体行为准则教育，引导师生自觉将"修德"与"进学"紧密结合起来，增强使命感和责任感，为公寓精神文化建设贡献力量。同时，彰显高尚道德，培养职业精神，使校风渗透到师生的日常活动和行为规范之中，成为师生自觉追求的人格风范。另外，通过教育宣传与制度约束相结合的有效方法，引导广大公寓管理人员将优良的作风作为自己的职业道德、职业理想和价值追求，积极探索管理理念，提高服务水平，推进管理精细化、服务人本化，做管理育人、服务育人的楷模。通过读校史、知校情，唱校歌、懂校魂，戴校徽、增校荣以及征文、座谈、讨论等具体活动形式，不断增强师生的主人翁意识和责任感，激励师生珍爱学校声誉，关注学校发展，参与学校建设。

大力开展公寓文化活动，形成良好的环境氛围，陶冶学生的情操，丰富学生的知识。（1）坚持把大爱教育作为培养大学生思想道德素质的重要途径之一，采取多项措施，全方位、多角度地宣传大爱文化、营造大爱氛围，把大爱教育渗透到公寓精神文化建设中，旨在让大学生将大爱精神、感恩的心带到社会的各个角落，形成互帮互助、互尊互爱的育人环境。（2）坚持以学生身心健康为目标，根据不同时节、不同年级，适时开展身心健康教育活动，启发学生自我思考，帮助学生树立正确的身心健康观念，促进学生人格的健康发展。（3）坚持围绕家庭经济困难学生的生活和思想实际，以经济资助为核心，以励志教育为重点，采取切实有效的措施，努力提高助学励志工作的针对性、实效性，不断贯彻资助育人的教育理念，培养学生形成勤奋好学、团结互助、自强自立、艰苦奋斗的好风气。（4）坚持以科学发展观为指导，以实践锤炼工程为统揽，结合学生专业特长，引导大学生走出校门，积极推进大学生社会实践工作，培养学生的历史使命感和社会责任感。[①]（5）坚持培养学生科学思维、科学精神和科学能力，弘扬校园创新文化，开展校园创新活动，丰富大学生科技、文化、艺术生活，培养大学生的学术素养、艺术修养和文化涵养。

总之，不断提炼大学生公寓精神文化，敢于吸收先进的理念与思想，勇于冲破落后的障碍与阻力，坚持选择吸收西方文化，挖掘探索本土文化，开发创新校园文化，融合弘扬公寓文化，同时，尊重师生在挖掘、保护、传承、创新公寓精神文化活动中的主体作用，强化师生对公寓精神文化的认同感和归属感。

---

① 丁笑生：《大学生思想政治教育工作实践与探索》，《江苏高教》2013 年第 3 期，第 126—127 页。

第六章

大学生公寓文化
建设的路径

大学生公寓是高校大学生思想政治教育的重要载体、文明教育的重要课堂、能力提升的重要平台，而公寓文化是校园文化建设的重要组成部分，是精神文明建设的重要窗口，对大学生的健康、成长、成才和未来发展具有重要作用。因此，大学生公寓文化建设是全面推进校园文化繁荣发展的重要渠道，而公寓文化建设路径是决定公寓文化建设成功与否的重要保证。

第一节　大学生公寓文化建设
机构的独立健全

大学生公寓文化建设的管理组织是一个多层次、多角度的系统，应由主管校领导领导下的学生公寓文化建设领导小组、管理职能部门和院（系）组成，以校和院（系）两级组织机构为主。但是，从管理学的角度看，公寓文化建设的管理组织是三级管理层次，即校、院（系）、学生组织，虽然学生组织不是行政机构，但从公寓文化建设的实际出发，它是组织管理系统中不可缺少的一个机构。

一　学校统一管理

什么是管理？管理是管理人员领导和组织人们去完成一定的任务和实现共同目标的一种活动。[①] 大学生公寓文化建设领导小组要

---

① 肖宗六：《学校管理学》，人民教育出版社 1988 年版，第 1 页。

发挥在公寓文化建设中的决策、规划、执行、监督、评估、反馈和激励等作用，协调各管理组织各司其职、相互协调，从而共同推进公寓文化建设。

加强公寓文化建设的组织领导。在校党委统一领导下，把公寓文化建设领导小组纳入校园文化建设委员会，领导制定、统筹规划大学生公寓文化建设，组长由主管校党政领导担任，成员由学校相关部门、单位负责人组成，实行统一管理，分工协作。领导小组下设办公室，办公室主任由学生处处长担任，成立学生公寓管理中心，隶属学生处，学生公寓管理中心主任由学生处副处长担任，负责公寓文化建设工作的协调、组织实施以及学生事务工作，定期与学生组织或代表座谈，研究和解决学生提出的要求和问题。[①] 另外，充分发挥党团组织和有关学生社团在公寓文化建设中的重要作用，推进公寓文化建设深入发展。这种直线型组织机构形式，是自上而下的垂直领导，有利于工作队伍建设的精干和工作效率的提高，有利于全校上下齐抓共管和全员参与。

完善公寓文化建设的保障机制。将公寓文化建设纳入校园文化的总体规划中，使之与校园文化总体统筹相适应。按照校园文化建设的规划，公寓文化建设每年制订具体的实施计划，把公寓文化建设经费纳入学校预算，在人、财、物等方面加大投入，不断完善公寓文化建设的政策和措施，切实解决公寓文化建设过程中遇到的实际问题和困难，确保公寓文化建设的各项工作顺利开展。

加强对公寓文化建设的制度管理。健全公寓文化建设的各项管理规章制度，以加强对各类文化活动的管理，尤其加强校园网络文化管理，坚决抵制各种有害文化和腐朽生活方式对大学生的侵蚀和影响，同时，坚决禁止在公寓和校园里传播宗教。另外，加强对大学生组织特别是大学生社团的领导和管理，帮助学生社团选聘指导教师，支持和引导学生社团自主开展活动，发挥其在公寓文化建设中的作用。

强化公寓文化建设的监督检查。监督检查工作的出发点和落脚

---

① 符娟明：《比较高等教育》，北京师范大学出版社 1987 年版，第 546 页。

点是抓落实，是促进公寓文化建设的有力手段，也是推动作风转变的必然要求。校园文化建设委员会负责指导，公寓文化建设领导小组具体负责公寓文化建设的检查落实工作，要广泛听取各部门实施公寓文化建设规划进展情况的汇报，同时，公寓文化建设领导小组办公室要充分发挥组织、协调、指导和监督作用，确保公寓文化建设的顺利实施。

严格公寓文化建设的考核激励。建立学校、院（系）和学生组织三级管理体系，形成一套有计划、有目标、有实施、有监督、有考核、有激励的目标实施、考评制度和激励机制，把公寓文化建设纳入工作考评体系，把单位和个人在公寓文化建设中的表现情况作为考核、评先表彰的重要内容，调动师生员工的积极性、主动性和创造性，从而提升工作的执行力、竞争力和创造力。

二　部门具体管理

大学生公寓文化建设的具体管理部门是公寓文化建设规划、协调和执行的重要部门，也是决定着公寓文化建设是否落实到位或成功与否的重要部门。

健全体制，全面提升公寓文化建设的管理水平。随着教育形势的不断变化，公寓文化的功能日益完善，呈现出新的特点，公寓不再单纯是学生休息的场所，也是知识和信息传递的重要场所。公寓园区内是一个知识密集和思想敏锐的群体，不同的学说、思潮和观念在这里交汇，使得公寓成为学生与学生之间、学生与学校之间相互影响，相互熏陶的媒介。因此，在学生公寓管理中，必须加强公寓文化的管理体制建设，全面提高公寓文化建设的管理水平。在学生处学生公寓管理中心的具体组织实施下，成立以公寓楼为单位组建的党总支、团总支，以楼层为单位组建的党支部、团支部，以相邻的若干宿舍为单位组建的党小组、团小组，成立大学生公寓自律委员会，形成金字塔型的组织结构，从而提供强有力的组织保障。

强化队伍，全面提升公寓文化建设的质量。建立公寓文化管理队伍建设的长效机制，从干部管理、选拔、培养、使用等环节入手，按照"同住、知情、关心、引导"的方针推进实施辅导员入驻公寓，营造高素质辅导员安心从事学生公寓管理和公寓文化建设，形成全校上下关心支持公寓文化建设工作的良好氛围。同时，要切实加强公寓辅导员队伍建设，通过管理、教育和培训，帮助他们提高政治思想素质和业务服务水平，充分调动公寓辅导员的工作积极性，使公寓辅导员成为学术工作者，推动公寓文化建设的不断创新。[①] 而且要从政治上、工作上、生活上关心公寓员工，使公寓员工能爱公寓如爱家，全心全意为学生做好服务工作。另外，要切实加强学生骨干队伍建设，注重学生骨干的选拔、培养和使用，充分发挥典型示范作用，形成学生党员带学生干部、学生干部带宿舍长、宿舍长带宿舍学生，各宿舍学生影响全体学生的工作格局，有力促进公寓文化的形成、繁荣和发展，从而促进学生健康成才。

坚持原则，整体规划逐步推进公寓文化建设。在公寓文化建设过程中，要紧密结合实际，坚持历史传承与发展创新相结合、坚持科学精神与人文关怀相融合、坚持共性文化与个性文化相协调、坚持先进性要求与广泛性要求相统一等，弘扬主旋律，突出高品位。同时，在符合校园文化形象标识的情况下，完善公寓文化形象标识的开发、推广和使用。另外，搞好公寓文化产品的开发利用，定期编印介绍公寓文化的宣传品，加大对外宣传公寓文化的力度，吸引公众注意力，以提升公寓文化影响力。

总之，通过整体规划，努力把学生公寓打造成大学生的生活家园、育人课堂、实践基地、文化会馆，形成理念先进、风尚优良、审美情趣高雅、文化生活丰富、富有创新活力的学生公寓文化，从而不断增强公寓文化的凝聚力、创新力和竞争力，树立良好的社会形象。

三　院系积极管理

院系积极管理是大学生公寓文化建设的有力补充，也是辅助具体管理部门进行公寓文化建设的得力助手。

---

① Komives, S. R., *The Art of Becoming a Professional*, Paper Presented at the Annual Conference of the American College Personnel Association, Miami, FL, 1998.

　　统一思想，提高认识。院系领导干部要科学分析和正确理解公寓文化在校园文化、人才培养等方面的重要意义，对当前公寓文化存在的问题、面临的形势要有准确判断和清晰认识，并深刻认识公寓文化建设的必要性和重要性，把政策给学生讲透、讲清、讲明，增强大学生对公寓文化的认同感，进而推进公寓文化建设的深入开展。院系辅导员要全面理解和准确把握公寓文化建设的目标任务，要看到公寓文化建设是校园文化建设的必然趋势，是学生健康发展的必然要求，切实增强责任感和使命感，在公寓文化育人的作用下，让学生人人受益、时时受益、处处受益。总之，通过教育，使大学生在思想上达成共识、行动上步调一致，增强公寓文化建设的积极性、主动性和创造性，使公寓文化建设工作得到提升，从而实现公寓文化的创新和超越。

　　抓好学风，凸显个性。除重点把握大学生思想政治教育外，院（系）关键要抓好专业学习，培养浓厚的学习风气。（1）抓好入学教育，树立正确学习观念。注重通过文化活动让大学生从长期应试教育形成的学习观念、学习方法中摆脱出来，实现由封闭式向开放式转变、由督促为主向自觉为主转变等。（2）加强创新教育，倡导浓郁学习之风。科技创新活动是浓郁学风的重要载体，可以发展认知兴趣、激发求知欲望，巩固和加深对知识的理解和运用，加快大学生的成长和进步。（3）大师谈学风，营造浓厚学术氛围。注重邀请知名教授、学者与学生分享为人为学的道理，通过大师严谨的学术态度、治学精神和人格魅力来影响学生、感染学生。（4）开展廉洁教育，培养学生诚信意识。注重开展廉洁教育，加强法制、社会公德、职业道德和传统美德教育，引导学生诚实守信、遵守校规校纪，培养大学生的道德自律意识和良好潜质。（5）加强目标教育，引导学生人生规划。英国著名的哲学家怀特海认为："在中学阶段，学生伏案学习；在大学里，他需要站起来，四面观望。"因此，应注重学生的生涯规划，培养学生的目标意识，引导学生树立正确的职业目标和学习习惯，从而促进学生全面发展。由于各院系的学科和专业差异性非常明显，在学科和专业背景熏陶下，不同院系的学生自然而然养成不同的秉性和行为风格，就必定反映和体现院系的学科和专业的特色，而院系之间学生的差异性、独特性也必定产生独特的个性文化，对学生公寓文化起着丰富和繁荣的作用。

四　学生参与管理

公寓学生组织是公寓文化建设重要的基层组织，大学生在自主参与公寓文化活动过程中，可以通过学生组织进行交流、对话，推动形成大学生自己的协商机制和交流机制，形成一个理性、民主、平等、开放、多元的大学生交流平台，[①] 从而激发大学生公寓文化建设的活力。因此，公寓学生组织是职能管理部门在公寓文化建设中的有益补充。

强化公寓自律委的职能，增强学生公寓文化管理。大学生公寓自律委员会在公寓管理中心的指导下，以"团结友爱、文明自律、乐于奉献、开拓创新"为宗旨，以"自我教育、自我管理、自我约束、自我监督、自我服务、自我提升"为理念，以"组织活动为载体，教育引导为目的"为指导思想，以"引导同学、服务同学、树立形象、共同进步"为目的，充分发挥大学生在学生公寓管理和公寓文化建设中的重要作用，贯彻执行学校、公寓的各项制度，创建"健康、文明、高雅、和谐"的公寓学习生活环境氛围，培养学生自我管理和社会工作能力，确保学生公寓文化建设的稳步发展。

加强党团组织作用发挥，强化学生公寓文化建设。大学生公寓不仅是学生学习、生活和交流思想的重要场所，也是大学生提高能力和完善人格的重要空间，更是大学生思想政治教育的重要阵地。高校后勤社会化和学分制的全面实施，使大学生学习的分散性、生活的流动性变大，因此，强化公寓党团组织建设及作用发挥对公寓文化建设具有重要作用。探索公寓党团组织建设，发挥党支部的战斗堡垒作用、党员的先锋模范作用，发挥团支部组织青年、引导青年、服务青年、维护青年权益的作用，促进同学之间在思想上互相启发、行为上互相监督、学习上互相帮助、生活上互相关心，增强学生党团组织的凝聚力、号召力和向心力，把大学生公寓建成大学

①　陈莉：《中国大学生组织发展研究》，博士学位论文，华中科技大学，2007年。

生沟通思想、交流感情、增进友谊的温馨家园和学习休闲、陶冶情操、促进成才的重要平台，更好地提高大学生的思想道德素质、身体心理素质、科学文化素质、专业综合素质等，从而促进学生的进步成长。（见图6—1）

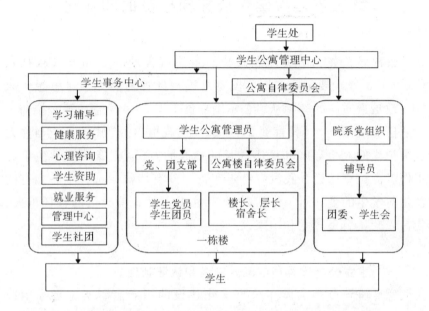

图6—1　构建新型公寓管理的模式

　　拓展学生社团组织载体，丰富学生公寓文化内容。大学生社团具有管理方式的宽泛性、组织形式的自发性、学生规模的无限性、群体目标的统一性、社团成员的广泛性、社团活动的多样性、活动场地的灵活性以及行为规范的自律性等特点，对学生创新意识的提高、创新精神的培养、创新思维的训练以及创新文化的塑造等具有重要作用，其在公寓文化中的影响力也日益彰显。根据大学生的特点和需求，开展丰富多彩的社团文化活动，吸引大学生积极参与。社团组织的活动能为广大学生搭建展示才华的舞台，增强学生的责任心和自信心，培养学生的竞争意识和协作能力，促进学生的身心健康。同时，社团组织的活动也能为公寓文化建设带来生机和活力，增强公寓文化建设的时效性和针对性，变"一人服务千百人"为"千百人共管一个家"，① 从而促进公寓文化多渠道、深层次、高质量的繁荣和发展。

第二节　大学生公寓辅导员的职业化

教育部《关于切实加强高校学生住宿管理的通知》（教社政〔2004〕6号）要求："各高校要选拔一批管理能力强、思想作风好、政治素质高的教师从事公寓辅导员工作。"《普通高等学校辅导员队伍建设规定》（教育部24号令）强调指出，"辅导员应当努力成为学生的人生导师和健康成长的知心朋友。"正像美国学生事务工作者克拉克所说：我没有特定职责，没有特殊权威，唯一拥有的就是对学生的爱和对工作的兴趣。② 由此可见，辅导员的责任重大、使命光荣，肩负着党和国家以及社会赋予的重任。

一　建立公寓辅导员的准入制度和认证制度

公寓辅导员是大学生公寓文化建设的指导者、实施者和组织者，是高校学生"自我教育、自我管理、自我服务"的指导者，是"教书育人、管理育人、服务育人"的实施者，是"全员育人、全程育人、全方位育人"的组织者。③ 因此，必须有高度的职业认同感和归属感，才能在岗位体现自我价值，实现人生理想。应加快公寓辅导员队伍职业化、专业化建设，着力引导公寓辅导员成为大学生的人生导师，为大学生公寓文化建设提供人才保障。

建立公寓辅导员的准入机制。毛泽东曾经指出："政治路线确

---

① 沈晓春：《高校后勤管理学》，湖北人民出版社2005年版，第218页。
② Margaret, J. B., Mary, K. D., Associates. *The Handbook of Student Affairs Administration* (Ed.), San Francisco: Jossey-Bass Publishers, 2000, p. 15.
③ 何妍：《高校公寓辅导员对大学生思想引领的机理与提升路径研究》，硕士学位论文，湖南师范大学，2010年。

定之后，干部就是决定因素。"① 因此，坚持"高进、严管、精育、优出"的原则，构建结构科学合理、学历层次分明的职业化公寓辅导员队伍，不仅要选拔出具备过硬的政治思想素质和相应的学历要求、专业背景的辅导员，还要灵活设定辅导员的年龄标准和保证公寓辅导员来源的多样性，以优化队伍结构。严格选拔程序，通过发布招聘公告、招聘条件、相关要求，资格审查、笔试、基本素质面试、专业素质面试、心理测试、个人风采展示、演讲答辩、身体检查、聘前公示等程序严把入口关，不断完善选拔机制，提高准入门槛，实现选拔方式的科学化、透明化和阳光化，逐步完善公寓辅导员选聘制度，不断促进公寓辅导员的职业化发展。

　　推行公寓辅导员职业资格认证制度。公寓辅导员作为高校教师中的一个特殊群体，具有教师和干部的双重身份，且不同一般教师的素质要求，公寓辅导员必须具备从事思想政治教育工作的专业素质，在借鉴其他行业的基础上，广泛听取专家学者意见，在辅导员群体中推行"公寓高校辅导员职业资格认证制度"和"新聘公寓辅导员持证上岗制度"，提升社会对辅导员职业的认同度，激发辅导员工作的积极性、主动性。此外，辅导员职业资格认证制度的推行可以在全社会吸纳优秀的人才进入辅导员队伍，不断提升辅导员队伍的整体素质，确保辅导员队伍质量，有助于建设"政治强、业务精、纪律严、作风正"的高水平公寓专职辅导员队伍。

二　强化公寓辅导员的专业培训和内涵建设

　　《普通高等学校辅导员队伍建设规定》（教育部24号令）规定：辅导员是高等学校教师队伍和管理队伍的重要组成部分，具有教师和干部的双重身份。② 从公寓辅导员的职业特点和专业特性来看，辅导员工作是组织、领导、处理包括人在内的复杂系统问题的思维性活动，利用现代化的教育手段和较强的人格魅力去教育学生、引导学生、熏陶学生和感染学生。公寓辅导员的核心任务是育人，包

---

① 《毛泽东选集》第2卷，人民出版社1991年版，第526页。
② 《普通高等学校辅导员队伍建设规定》（教育部24号令），2006年7月23日。

括从事学生思想政治教育、学生党团事务、学生资助、就业指导、心理健康教育、学生社团指导、社会实践等，以推动公寓文化的建设、繁荣和发展，同时，公寓文化也发挥其特有的作用培育学生。因此，高校要重视公寓辅导员队伍建设以及充分肯定公寓辅导员队伍的价值所在，重视公寓辅导员队伍的专业化、职业化的积极作用，并在实践中切实推进公寓辅导员队伍的专业化、职业化建设。

健全培训体系，提升公寓辅导员的整体素质。按照"选拔、使用、管理、培养、提高"相结合的原则，制订辅导员的培训计划，建立国家级、省级、校级三级培训体系，逐步构建岗前培训、日常培训、职业培训、骨干培训和学位提升等多种形式，严格按照职业化、专业化，甚至专家化目标，不流于形式、不走过场，坚持先培训后上岗，把岗前培训、在职培训和脱产培训相结合，校内培训、校外培训和外出考察相结合，主题沙龙、专题培训和交流学习相结合，骨干培训、职业化培训和学位提高相结合，职业培训、专业培训和提升能力相结合，社会实践、挂职锻炼和课题研究相结合，从而拓展培训渠道，训练公寓辅导员的专业技能，提升公寓辅导员的服务意识，着力打造公寓辅导员的敬业精神、专业水平、工作能力、人文素养和人格魅力。

丰富培训内容，完善公寓辅导员的综合素质。坚持以中国特色社会主义理论体系为指导，以社会主义核心价值观为内容，围绕学校的改革发展和公寓文化建设的要求以及学生的成长成才，密切联系实际，以理论教育为根本，以知识教育为基础，以党性教育为关键，[①] 对公寓辅导员进行马克思主义中国化最新成果教育以及思想政治教育学、管理学、社会学、文化生态学、教育学和心理学、职业规划与指导、安全知识、学生事务管理、法律法规等方面的培训，不断完善知识结构，提升公寓辅导员的综合素质。同时，注重培养公寓辅导员解决实际问题和处理学生事务的能力，从而提高公寓辅导员的职业能力。

---

① 朱正昌：《高校辅导员队伍建设》，人民出版社 2010 年版，第 231 页。

三　注重公寓辅导员的跟踪考核和评价激励

公寓辅导员的工作是神圣、光荣的，其肩负着培养中国特色社会主义事业建设者和接班人的重任。所以，要注重公寓辅导员的跟踪考核与激励机制建设。

建立公寓辅导员的考核机制。《教育部关于进一步加强高等学校学生公寓管理的若干意见》（教发〔2002〕6号）明确规定："辅导员进驻学生公寓的表现应作为一项重要的业绩进行考核，应作为辅导员评奖、评优和晋升的重要依据。"实施绩效评估，可以拓展公寓辅导员的职业发展空间，促使他们自觉地提升人格魅力、知识素养等，努力成为大学生的人生导师和健康成长的知心朋友。在评价内容上，应注重对学生的日常教育、管理和服务的效果，对公寓文化的建设、丰富和发展的效果，对组织管理、协调和创新发展的效果。在评价方式上，应注重自我评价和学生评价相结合、平时考核和集中考核相结合、组织评价和业绩考核相结合，确保工作不流于形式，推动公寓辅导员考核的规范化、科学化、制度化，从而促进公寓辅导员工作的专业化、职业化。

完善公寓辅导员的激励机制。激励就是激发和引导人的积极性的一种方式，因此建立完善公寓辅导员激励保障机制，可以激发辅导员的积极性、主动性和创造性，最大限度地调动辅导员的工作热情和创新能力。（1）待遇激励。完善公寓辅导员队伍的薪酬体系，从整体上提高工资福利待遇，缩小在学历职称相似情况下与其他教师之间的收入差距。（2）业务激励。实行公寓辅导员专业技术职务单列指标、单设标准、单独评定，实施公寓辅导员的职级制度，加快推进公寓辅导员的职业化、专业化建设，同时，增强辅导员的职业认同感和归属感。（3）精神激励。精神激励是对辅导员工作的肯定和人生价值的尊重，应大力开展辅导员评优、评先活动，树立公寓辅导员的先进典型，从思想和心理上增强辅导员的职业荣誉感和自豪感，提升辅导员的职业地位，激发公寓辅导员的主动性、积极性和创造性，形成爱岗敬业、争当先进的良好氛围。（4）发展激励。注重培养公寓辅导员的职业生涯规划，根据辅导员的兴趣爱好、工作能力、个人专业特长等进行合理规划,帮助辅导员从事自己喜欢的工作,激发他们的潜力和创造性。

总之,通过物质奖励、荣誉鼓励、晋升勉励、成就激励等手段,提升公寓辅导员的职业成就感,提高辅导员的职业认同感,从而推进公寓辅导员的职业化、专业化发展。

四   提升公寓辅导员的职业素养和人格魅力[①]

我国教育家陶行知说:要学生做的事,教职员躬亲共做;要学生学的知识,教职员躬亲共学;要学生守的规则,教职员躬亲共守。俄国教育家乌申斯基也曾说:教师个人的范例,对于青年人的心灵,是任何东西都不可能代替的最有用的阳光。《普通高等学校辅导员队伍建设规定》(教育部 24 号令)强调指出:"辅导员应当努力成为学生的人生导师和健康成长的知心朋友。"充分说明公寓辅导员的言行举止、人格魅力,对学生成长的重要意义。大学生公寓辅导员应注重把握好以下四种角色:

当好老师。苏霍姆林斯基曾说:"教育的技巧和全部奥秘也就在于如何爱学生,高尚纯洁的爱是教师和学生心灵之间的一条通道,是开启学生心智的钥匙,以点燃照亮学生心灵的火焰。"孔子曰:"其身正,不令而从,其身不正,虽令不从";韩愈则要求教师"以身立教",做到"其身亡而其教存";教育家加里宁说:"教师的世界观、品行和他的生活以及他对每一现象的态度,都这样或那样地影响着学生。"所以,教师的完美人格对学生起着耳濡目染、潜移默化的作用,影响着学生的身心发展和人格形成。

当好家长。90 后大学生大部分都成长在独生子女家庭,备受家长以及亲朋好友的关怀和呵护,进入大学后,脱离家庭温暖的港湾和父母的关爱,有时让学生感到茫然失措、孤独无助。所以,公寓辅导员要及时充当好家长角色,给予学生家长般的温暖、关心、爱护与支持。同时,要开展丰富多彩的公寓文化教育活动,增强学生

---

①   丁笑生:《浅谈辅导员工作的实践创新》,《教育与职业》2013 年第 8 期,第
72—73 页。

的自信心，培养他们独立自主的能力、团结协作的能力、战胜困难的能力以及接纳包容的能力等。

当好朋友。公寓辅导员要想成为学生健康成长的知心朋友，就要采取适当的方式，建立互信、互赖、互助的良好师生关系，逐渐走进学生的心灵，了解他们真实的想法，才能正确引导他们，才能教学相长，才能做好大学生健康成长的人生导师。同时，在公共场合，辅导员不能批评学生，要给一些鞭策和鼓励，使有问题的学生远离问题，让后进的学生走向优秀，让优秀的学生更加优秀。

当好学生。毛泽东在《农村调查》序中指出："没有满腔的热忱，没有眼睛向下的决心，没有求知的渴望，没有放下臭架子、甘当小学生的精神，是一定不能做，也一定做不好的。"① 公寓辅导员工作更是如此。每一位学生身上都闪耀着光彩，除了要善于发现学生存在的问题、及时给予鼓励鞭策之外，公寓辅导员更要向学生学习，学习他们运用现代技术手段获取新信息的能力，学习他们为新事物而敢想、敢试、敢干的作风，学习他们为追逐新目标而锲而不舍的精神，学习他们在大灾大难面前表现出来的大爱品质，学习他们在奥运会、世博会、国庆活动中表现出来的责任和担当等。

总之，公寓辅导员自身要敢于担当责任，提高自己的辨别能力，用理想的信念引领学生；要勇于实践创新，培育自己的创新思维，用创新的思想熏陶学生；要善于学习研究，提高自己的业务能力，用精准的技能指导学生；要甘于淡泊名利，提升自己的修养品质，用人格魅力影响学生等，努力成为大学生的人生导师和健康成长的知心朋友。②

第三节　大学生公寓文化建设的学生主体作用

大学生公寓文化建设应坚持以学生为主体，充分发挥学生在公

---

① 《毛泽东选集》第 3 卷，人民出版社 1991 年版，第 790 页。
② 丁笑生：《浅谈辅导员工作的实践创新》，《教育与职业》2013 年第 8 期，第 72—73 页。

寓文化建设过程中的主体作用，就是要尊重学生的权利，维护学生的利益，确立学生的主体地位，激发学生的共鸣，增强学生的认同。注重学生党员、学生干部和普通学生各自作用的发挥，着力培养学生的积极性和创造性，努力提高他们的科学素养和思想水平，形成学生党员带学生干部，学生干部带宿舍长，宿舍长带本宿舍学生，各宿舍学生影响全体的工作格局，共同促进公寓文化建设，让每个学生都成为有用之才。

一 锤炼学生党员的示范作用

学生党员是学生中的楷模、榜样或杰出代表，是师生之间的桥梁、纽带，是反馈学生的意见、要求或建议的重要渠道，是公寓文化活动的组织者、实施者或带头人，是促进学校稳定、改革或发展的重要力量。2013 年 7 月 2 日中共中央组织部、中共中央宣传部、中共教育部党组（教党〔2013〕22 号）《关于进一步加强高校学生党员发展和教育管理服务工作的若干意见》强调："要着力加强学生党员自身建设，充分发挥其榜样、示范、辐射功能。"对进一步加强高校学生党员的发展和教育管理服务工作提出具体意见。

统一思想，端正学生的入党动机。抓好新生入学第一课，通过入学教育引领，为新生做一场入党教育报告、开展一场学习交流会，为每一个新生宿舍配备一名优秀高年级学生党员对他们引导和熏陶。同时，通过公寓党团组织建设，加强大学生学习党的路线、方针、政策，学习中国特色社会主义理论体系，学习《党章》、学习先进模范人物等。另外，通过公寓党团支部共建，使高年级支部指导低年级支部学习实践活动等，积极主动占领教育阵地，帮助他们深化对党的了解和认识，引导其积极向党组织靠拢，以高标准要求自己，从而引导学生树立正确的价值观念和政治信仰追求。

统一标准，严把发展党员的质量。注重创新学生党员的发展方式，做到"四个结合"：（1）课内评价与课外评价相结合。重视学生课堂表现的同时，将其在公寓文化生活中的表现作为重要的评价标准，纳入党员培养、发展和考核体系，考查发展对象的业绩表现。（2）教师评价与学生评价相结合。注重任课教师、公寓辅导员对发展对象评价的同时，还兼顾班级同学的评价，全面考查发展对象的思想、学习、工作表现。（3）党内评价和党外评价相结合。注重党支部评价的同时，还注重党外群众的评价，在发展党员时实施公示制度、答辩制度，广泛征求党内外群众的意见。（4）组织评价和个人自评相结合。注重组织意见的同时，还注重学生的自我评价，全面考查发展对象自评和组织评定的吻合度。

统一目标，锤炼党员党性意识。充分发挥学生党员的示范作用，挖掘学生党员的先进事迹，提高学生党员在学生当中的影响力和号召力，从而达到学生受教育、党员提能力、支部添活力的目的，努力做到"三个跟进"：（1）跟进宿舍，巩固不变阵地。制定《党建工作进宿舍管理办法》，实施递交入党申请书的同学带动一名同学，入党积极分子带动两名同学，重点发展对象带动四名同学，党员带动八名同学的"1248示范带动工程"，构建育人合力，形成"一个党员带动一个宿舍，一个宿舍带动一个楼层，一个楼层带动一幢楼"的联动辐射网络。（2）跟进教室，渗透流动阵地。高校实行学分制、选课制，同学不同班、同班不同学的情况普遍存在，为充分发挥学生党员的示范作用，要高标准、严要求学生党员以自己的实际行动示范、辐射、带动身边的学生。（3）跟进社团，凝聚分散阵地。各高校学生社团在公寓文化建设中发挥着不可替代的作用，在有条件的学生社团建立党小组，由党员担任社团社长，组织开展各类有益于学生身心健康的活动，充分发挥学生党员的典型示范作用，激励大学生在成长中崇尚先进、见贤思齐，更好地促进学生公寓文化建设。

突出示范育人，营造和谐公寓文化。通过校内与校外、理论与实践、管理与教育等多种途径与方法的综合运用，在不断完善和创新中拓展学生党员教育途径，通过学生党员队伍建设，突出示范育人作用，丰富公寓文化，弘扬当代大学生的积极、向上的主旋律，带动广大学生树立正确的世界观、人生观、价值观，培养学生"知校、爱校、荣校"情感，倡导学生"知恩、感恩、报恩"理念，弘扬学生"知国、爱国、报国"志向，培养学生自觉养成自我教育、朋辈教育、实践教育以及诚信意识和社会责任感等。发挥学生党员鲜活的榜样的示范作用，使学生学有动力、赶有目标，激发学生的成长成才意识，树立发奋图强、追求卓越、回馈社会的发展观念和事业理想。

二 发挥学生干部的引领作用①

高等学校学生干部是学校教育、管理、服务学生的组织者、协调者和执行者，是促进学校稳定、改革、发展的重要力量，因此，学生干部的综合素质直接影响着学生公寓文化建设和学生的成长成才。为全面加强学生干部队伍建设，引导广大学生干部健康成长，必须以中国特色社会主义理论体系为指导，以社会主义核心价值观为内容，注重学生干部的选拔、培训和锻炼，不断提升学生干部的能力和素质，以适应公寓文化建设的需要和学生成才的需要。

完善选拔机制，夯实学生干部队伍的基础。选拔是学生干部队伍建设的重要基础环节，为构建素质过硬、能力突出、勤奋踏实、乐于奉献、与时俱进、勇于创新的学生干部队伍，应完善选拔机制：（1）注重观察与选拔。新生入学报到时，注意观察学生的一举一动，观察他们的独立自主能力和气质修养；入学后，通过开展公寓文化活动，观察学生的言谈举止，把组织能力强、协调能力强、创新能力强、号召能力强的学生作为重点考察对象，跟踪调查、做好记录。（2）注重发动与选优。要坚持高标准、严要求，坚持"民主自愿、公开公正、阳光透明"和"德才兼备、任人唯贤"的原则，根据面试、学生反映、组织考察等综合情况把品质优、能力强、作风正、热情高、乐奉献、威信高的学生选拔到合适的岗位上。（3）注重合理与优化。在学生公寓自律委员会和学生社团干部组合上，保持男女学生干部的比例和不同年级、不同专业、不同性格、不同特长的合理配备，有利于发挥他们之间的互补作用，取长补短，在各自的岗位上发挥最大的集体效能。

强化理论学习，锤炼学生干部的政治素质。毛泽东曾说："不

---

① 丁笑生、张贺领：《浅谈学生干部队伍建设》，《中国成人教育》2007 年第 5 期，第 49—50 页。

论知识分子，还是青年学生，都应该努力学习。除了学习专业之外，在思想上要有所进步，政治上也要有所进步，这就需要学习马克思主义，学习时事政治。没有正确的政治观点，就等于没有灵魂。"① 学生干部的思想性格、价值观念、信仰追求尚未定型，实际经验不足，学习任务较重，处理问题的方法简单、手段粗暴，导致工作效率低等问题。所以，要注意对学生干部的关心、教育、培养和使用。理论修养是政治坚定的基础，进行深入系统的理论培训，引导学生干部学习中国特色社会主义理论体系和社会主义核心价值观的深刻内涵，帮助他们树立正确的世界观、人生观、价值观和发展观，提升他们的道德修养和价值追求，激发他们多思考、多实践、多创新、多服务，发挥他们的带头作用、榜样作用和示范作用，从而影响带动身边同学提高政治素质和理论水平。

创新工作培训，提高学生干部的业务能力。为加强学生干部队伍建设，提高他们的素质，促进公寓文化建设的有效开展，（1）每学期举办学生干部培训班、研讨班等，将培训常规化、长效化。（2）实施以会代训、文化沙龙、工作研讨制度等，文化活动要有论证报告、实施计划、活动反思、经验总结、建议设想。（3）建立谈话机制，公寓领导、辅导员、学生干部以及不同年级、不同专业学生之间定期或不定期面对面交流和沟通，发挥传、帮、带作用，拉近师生之间的距离，提高师生的认同感；同时也能纠正不足，避免被动、端正动机、克服功利，强化服务意识、奉献意识和创新意识，激发学生干部的积极性、主动性和创造性，提高他们的决策、组织、协调和执行能力。

搭建工作平台，打造复合型创新人才。学生干部要会学、会想，更要会创造，一个没有创新意识、创新能力的学生干部很难推动工作的创新发展，更无法在公寓文化建设中发挥创新作用。为加强学生干部创新能力的培养，通过开展丰富多彩的公寓文化活动，帮助他们养成敏锐的观察力和丰富的想象力，引导他们在工作中独立思考、及时总结和自我反省，不断对自己所思所想、所作所为反

---

① 《毛泽东文集》第 7 卷，人民出版社 1999 年版，第 226 页。

复检查，找出差距和不足，增强他们敢于质疑、敢于否定的精神，增强他们的竞争意识、超前意识和创新意识，鼓励他们要敢于打破常规工作思路的束缚，解放思想、大胆创新，做到观念创新、意识创新、思维创新、能力创新，唯有创新，才有进步、才有竞争力，才能推动学生公寓文化的建设、丰富、创新和发展。

第四节　大学生公寓文化活动的品牌化

大学生公寓文化对大学生的影响看不见摸不着，是一种无形资源，但这种无形资源必须经过长期文化积淀形成学生广泛认同、乐于参与、独具特色、自成一体的公寓文化品牌。公寓文化具有继承性、稳定性、创新性、引领性和发展性特点，促进公寓文化活动系统化、时代化、主题化和持续化，① 从而达到通过活动锻炼学生、通过氛围营造学生、通过文化熏陶学生等目的。

一　公寓文化活动的系统化

所谓系统，美籍奥地利生物学家贝塔朗菲提出经典性概念，"系统是处于一定的相互关系中并与环境发生关系的各组成要素的总体。"② 简单说，系统是指"由两个以上的相互联系、相互作用的要素所组成的、具有一定结构和功能的有机整体，它从属于更大的系统"。③ 由此可见，系统构成必须具备三个条件，一是具有两个或两个以上的独立要素。二是要素之间必须相互联系、相互影响、相互作用，三是所有要素之间的联系和作用统一和协调于系统的整体之中。

① 刘建荣：《探索公寓文化建设途径　强化公寓文化育人功能》，《赣南师范学院学报》2006 年第 2 期，第 119—121 页。

② ［美］贝塔朗菲：《一般系统论（基础·发展·应用）》，秋同等译，社会科学文献出版社 1987 年版，第 5 页。

③ ［美］贝塔朗菲：《普通系统论的历史和现状》，载《科学学译文集》，科学出版社 1981 年版，第 315 页。

从系统的基本要素来说，公寓文化活动的系统化是指在公寓文化活动实施中，对具有相互联系、相互作用的两个或两个以上的子活动，进行系统综合、分析、协调和管理等系列过程。系统化的功能不是简单的几个子系统功能的相加，而是比相加之和要大，甚至大几倍或更多倍。公寓文化活动的要素很多，在载体上有宿舍、楼层、公寓楼，党支部、团支部、学生社团、学生公寓自律委员会等，载体不同，服务对象不同，追求的目标也不同。在对象上有党员、团员、本科生、专科生等，身份不同、专业不同、背景不同、信仰不同，服务方式也不同，目标也不同。

公寓文化活动系统的目标有整体系统目标和子系统目标之分。整体目标针对不同的阶段、时代也有不同的目标追求，当前目标是以中国特色社会主义理论体系为指导，以社会主义核心价值观为主要内容，以"立德树人"为根本任务，以"中国梦"的科学内涵教育学生、培养学生，把学生培养成为中国特色社会主义事业建设者和接班人。子系统目标中的政治目标是培养学生的政治素质和政治信仰，道德目标是培养学生的道德情操和道德情感，健康目标是培养学生的心理健康和身体健康，法制目标是培养学生的法律观念和遵纪守法等。

整体系统和子系统的关系是整体和部分的关系，系统是由诸多子系统组成，离开了子系统，整体系统也没有意义，离开了整体系统，子系统也不成为子系统。整体系统指挥、决定和协调子系统朝着整体目标发展，当然子系统也影响整体系统的发展。整体系统和子系统是相对的，整体系统由两个或两个以上子系统组成，公寓文化活动的整体系统又是校园文化活动整体系统的子系统，学生公寓文化活动又是诸多子系统组成的整体系统。因此，二者是辩证关系，相互影响、相互作用、相互依存，共同有机地组织起来，充分融合形成完整的公寓文化活动系统。

总之，时代的发展赋予公寓文化活动新的时代内涵和鲜明的主题，以其强大的影响力、感染力、塑造力、渗透力、熏陶力，实现公寓文化活动的系统化，激励大学生将个人梦与中国梦相融合、个人理想与社会主义共同理想相统一，努力成为中国特色社会主义事业建设者和接班人。

二　公寓文化活动的时代化

时代是指历史上以经济、政治、文化等状况为依据而划分的某个时期，能影响人的意识的所有客观环境。时代按年龄划分为幼年时代、童年时代、少年时代、青年时代、中年时代、老年时代等，按学龄划分为小学时代、中学时代、大学时代，按社会形态划分为奴隶时代、封建时代、资本主义时代、社会主义时代、共产主义时代等。本书探讨的是中国特色社会主义初级阶段的青年时期的大学时代，在该时期，国际国内形势的深刻变化，如世界多极化、经济全球化的深入发展，文化多元化、社会信息化的持续推进，不同意识形态的交流、交融、交锋日益增强，西方敌对势力"和平演变"的图谋日益加剧；随着改革开放的不断深入，经济社会发展过程中统筹兼顾各方面利益的难度不断加大，社会意识形态多元、多样、多变的特征日益明显，各种敌对势力，尤其是宗教对高校的渗透和影响不断为公寓文化贴上时代的标签。因此，大学生公寓文化受到多重因素的影响，公寓文化活动也彰显出此时代的特征。

高等教育改革发展的阶段性特征日益显现，办学体制、人才培养模式、招生考试制度等各项改革不断推进，多校区办学、学分制改革、后勤社会化等问题的不断涌现，对公寓文化建设的工作提出了新要求。党的十八大明确把"立德树人"作为教育的根本任务，为公寓文化建设工作指明了方向。要面对新情况、适应新形势、接受新任务、迎接新挑战、完成新目标，加强改进公寓文化建设工作。公寓文化活动的开展，坚持与时俱进、更新观念、开拓创新，紧跟历史前进的步伐，紧握时代进步的脉搏，紧抓学生的时代特点，牢记以人为本的原则，尊重学生的个性发展，发挥学生的主观能动性和主体地位，帮助学生廓清理论困惑和思想问题，主动解疑释惑，关注学生的利益诉求，把解决思想困惑与解决实际问题相结合，如根据当代学生以自我为中心、责任感缺乏等现象，进行社会主义核心价值观教育，培养学生的责任感和使命感；开展感恩教育、励志教育，培养学生的自信心和自尊心；开展节约教育，引导

学生珍惜粮食、爱惜资源，树立节约意识、传承节约文明；开展就
业讲堂，培养学生转变就业观念，提高就业意识；开展心理健康教
育，培养学生的健全人格等；转变观念、更新载体、适应时代，实
现方式方法创新，主动占领网络文化工作阵地，打造公寓网络文化
工作矩阵，切实加大网上正面发声力度，及时回应学生关心的问
题，壮大网上主流舆论，唱响网络主旋律，积极引导舆论走势，开
展传递网络正能量等体现时代特征和时代精神的公寓文化活动，不
断增强推进公寓文化建设时代化的紧迫感和使命感，提高公寓文化
育人的针对性和实效性。

三　公寓文化活动的主题化

　　中共中央国务院《关于进一步加强和改进大学生思想政治教育
的意见》（中发〔2004〕16 号）文件指出："学校教育要坚持育人
为本、德育为先，把人才培养作为根本任务。""大力建设校园文
化，开展特色鲜明、吸引力强的主题教育活动。"①《国家中长期教
育改革和发展规划纲要（2010—2020 年）》强调：坚持"以人为
本，德育为先、能力为重、全面发展"。②党的十八大提出："要把
立德树人作为教育的根本任务。"③无论时代怎么变化，国家对大学
生的德育教育始终贯穿于各项工作中。同样，公寓文化建设也应围
绕"立德树人"这一根本任务，逐步推进公寓文化活动主题化、主
题活动系列化、系列活动项目化、项目活动品牌化、品牌活动精品
化。公寓文化活动的主题化是以"立德树人"为目标，以公寓文化
活动为载体，围绕某一特定主题，开展独具风格、内涵丰富、形式
多样的活动。
　　公寓文化活动的主题化有利于目标明确，重点突出。（1）解决
我是谁、依靠谁、为了谁的问题，也就是培养什么人，依靠什么载

---

　　① 《关于进一步加强和改进大学生思想政治教育的意见》（中发〔2004〕16 号），
2004 年 8 月 26 日。
　　② 《国家中长期教育改革和发展规划纲要（2010—2020 年）》，2010 年 7 月 29 日。
　　③ 《坚定不移沿着中国特色社会主义道路前进　为全面建成小康社会而奋斗——在
中国共产党第十八次全国代表大会上的报告》，《人民日报》2012 年 11 月 9 日。

体，怎样培养人。（2）解决师生达成共识、统一思想的问题，增强学生活动的吸引力、凝聚力和向心力。（3）解决消除"空白点"、澄清"困惑点"、激发"兴趣点"、夯实"落脚点"的问题，[①] 公寓文化活动的主题化把握文化活动的理论指导，坚持贴近学生实际、贴近学生生活，增强学生的道德修养和人格魅力。

公寓文化活动的主题化有利于内容与时俱进，内涵丰富充实。主题化也是时代发展赋予的新内容，当今时代，要加强中国特色社会主义理论体系，引导学生树立正确的政治信仰和价值追求；加强社会主义核心价值观教育，引导学生树立正确的世界观、人生观、价值观；加强社会主义荣辱观教育，培养学生诚实守信、团结互助、遵纪守法、艰苦奋斗的良好品质；加强中华民族优秀文化传统教育和革命传统教育，增强学生民族自尊心和民族自豪感；加强中国梦内涵教育，引导学生坚定中国特色社会主义的道路自信、理论自信、制度自信，增强实现中华民族伟大复兴中国梦的决心。

公寓文化活动的主题化有利于吸引学生，受众广泛。公寓文化活动的主题化在时间安排上可以更加灵活，在主体参与上更加开放，在空间的选择上更加广阔，在个性培养上更加明确，在活动形式上更加自由，彰显学生的主体地位，尊重学生的个人价值，激发学生参与的主动性和广泛性，优化学生的知识结构、丰富学生的社会阅历、强化学生的能力培养，培养学生勇于探索的创新精神和善于解决问题的能力，从而提升大学生的综合素质，成为德智体美全面发展的社会主义建设者和接班人。

四 公寓文化活动的持续化

大学生公寓文化活动的持续化是指某活动的主题鲜明，能持续开展两年或两年以上，内容不断丰富、形式不断创新、制度保障有力，具有重要的影响和价值，深受学生喜爱，形成独有的特色或品牌。"品牌是一种名称、术语、标记、符号或设计，或是它们的组

---

① 张绘武：《主题教育要注意解决好四个问题》，《政工学刊》2013 年第 4 期，第18 页。

合运用，其目的是借以辨认某个销售者或某群销售者的产品或服务，并使之同竞争对手的产品或服务区别开来。"① 公寓文化活动在品牌管理基础上经过长期的实践创新，逐步形成具有稳定性、优质性、独特性、创新性和发展性的育人机制，随着时间的变化、受益主体的不同，逐年进行挖掘、策划、包装、传播、推广、维护，使其发挥更大的效能。为保证大学生公寓文化活动的持续化，应积极构建公寓文化活动的持续化长效机制：

以机制为重，不断强化公寓文化活动的管理和完善。俗话说，没有规矩不成方圆。制度具有根本性和全局性、稳定性和指导性、规范性和科学性，建立健全科学规范的管理制度是实现公寓文化活动持续化的基础保障，也是公寓文化活动保持影响力和持久力的前提。注重公寓文化活动的顶层设计和发展规划，符合时代发展需要、高等教育改革要求、人才培养特征、学生行为特点，做到整体工作有部署，具体工作有计划，事务落实有人管，关键步骤有衔接，统筹兼顾、科学布局，确保活动名字未变，学生在变、主题在变、内容在变、形式在变，逐年创新，以增强公寓文化活动的吸引力，从而提高大学生的认同感。

以创新为先，不断丰富公寓文化活动的内容和形式。创新思维、更新理念、以人为本、尊重个体差异，引导学生参与互动，提升大学生参与公寓文化活动的积极性和覆盖面；丰富载体、主动出击、占领阵地，建立大学生喜闻乐见的公寓文化载体；疏导结合、精心组织、强化自律，创新公寓文化活动的内容，加强法制和规章制度的建设和教育，增强学生的法制观念；纵横结合、整体联动、构建和谐，实现网上和网下的互动，虚拟和现实的结合，增强活动的亲和力、吸引力和感染力，提升育人效果。

以服务至上，不断扩大公寓文化活动的影响和熏陶。不断创新公寓文化活动的理念，深怀爱生之心，以精心的态度、精确的把

---

① ［美］菲利普·科特勒：《营销管理》，梅清豪译，上海人民出版社 2003 年版，第 466 页。

握、精致的过程、精细的服务，走进学生的心灵，帮助学生完善自我。① 不断探索公寓文化活动的规律，根据时代的发展、公寓的特点，回应学生的合理诉求，促进学生成才；不断提高公寓文化建设的水平，增强实效性，贴近学生、贴近实际、贴近生活，点燃"学子梦"；不断强化公寓文化活动服务学生意识，多做利生之事，让每个学生都成为国家有用之才，共筑"中国梦"。

---

① Willanson, E. G., *Student Personnel Services in Colleges and Universities* (Ed.), New York: McGraw-Hill, 1961, p. 59.

第七章

大学生公寓文化
建设的评估

　　评估又称评价或估计，是根据一定的原则或标准去测量、评议、判定、估价的活动。阿布卡福特等认为：评估就是收集、分析和得出结论。[①] 公寓文化建设的评估要依据公寓文化建设的相关内容或要求，按照"以评促建，以评促改，以评促管，评建结合，重在建设"的方针，根据客观原则或标准对公寓文化建设的整体情况作出分析或评价，这不仅是公寓文化建设科学化、持续化的重要环节，也是不断提高公寓文化育人作用的重要举措。目前，加快大学生公寓文化建设评估，必须从评估政策、评估方案、评估体系等政策的制定和完善、落实和监督上下功夫，促进评估工作落到实处。

第一节　大学生公寓文化建设
评估的重要意义

　　大学生公寓文化建设的评估是落实党和国家先进文化建设的重要使命，是高等教育人才培养的重要保证，是公寓文化建设长效机制的重要手段，是公寓文化建设自身发展的重要举措，对于培养中国特色社会主义事业建设者和接班人具有重要意义。

一　评估是落实国家文化建设的重要使命
　　党的十七大首次从国家战略的高度提出提高国家文化软实力，

---

　　① Upcraft, M. L., Schuh, J. H., *Assessment in Student Affairs: A Guide for Practitioners* (Ed.), Jossey-Bass, 1996, p. 18.

这既是文化发展的重要部署，也是文化强国的重要号角。党的十七届六中全会首次以"文化命题"为中央全会的中心议题，这既是对文化发展演变规律及其在人类文明进程中所发挥的重要作用的历史洞悉，也是加快文化强国，开创中国特色社会主义事业新局面，实现中华民族伟大复兴的中国梦的重大战略部署。党的十八大强调扎实推进社会主义文化强国建设，并作出具体部署，把文化强国建设推向了一个新的高度。党的十八届三中全会再次提出："建设社会主义文化强国，增强国家文化软实力，必须坚持社会主义先进文化前进方向，坚持中国特色社会主义文化发展道路。"① 这不仅仅是提出社会主义文化强国的思想和目标，还对文化在整个人类社会发展中的地位和作用有了更全面的认识。

在中华民族迈向伟大复兴的中国梦的征程上，面对激烈的国际竞争，严峻的宗教渗透，无孔不入的西方敌对势力等形势，文化越来越成为民族凝聚力和创造力的重要源泉，越来越成为综合国力竞争的重要因素，越来越成为引领社会发展的重要使命，越来越成为高等教育发展的重要支撑，越来越成为培养学生成长的重要阵地。胡锦涛在清华大学建校 100 周年大会上明确提出：要把文化传承创新作为高等学校的重要职能，全面提高高等教育质量，大力推进文化传承创新。所以，在中华民族迈向伟大复兴的中国梦的征程上，作为继承、传播和创造先进文化的重要场所，校园文化责任重大、任务艰巨、使命光荣。校园文化既是社会文化的重要组成部分，又是高等教育的重要内容，还是社会文化发展的重要航标，引领着社会文化的发展趋势，激励着高校的思想文化产品丰硕，影响着社会的政治、经济、思想、文化的发展，影响着社会主义文化的发展水平。② 中共中央、国务院《关于进一步加强和改进大学生思想政治教育的意见》（中发〔2004〕16 号）要求："要把大学生思想政治教育工作作为对高等学校办学质量和水平评估考核的重要指标，纳

---

① 《中共中央关于全面深化改革若干重大问题的决定》，《人民日报》2013 年 11 月 13 日。

② 何祥林：《大学在文化建设中的使命》，《光明日报》2012 年 4 月 8 日。

入高等学校党的建设和教育教学评估体系。"①

大学生公寓文化是校园文化的重要组成部分，是高校贯彻党和国家先进文化建设丰富、繁荣和发展的着力点，是大学生思想政治教育的重要载体，发挥着重要的育人功能。同时，公寓文化影响着校园文化的形成，而校园文化引领着社会文化的发展，因此，大学生公寓文化直接关系着积极健康向上的先进文化的形成。所以，加强大学生公寓文化建设评估，有利于促进中央16号文件的落实，有利于推进党和国家文化建设的贯彻。

二 评估是高等教育人才培养的重要保证

"培养什么人，怎样培养人"，是教育的根本问题和永恒主题。决定了高校办学方向和人才培养目标等。中央16号文件为新时期高等教育人才培养指明了方向，要坚持以中国特色社会主义理论体系为指导，以社会主义核心价值体系为内容，实现大学生的全面发展。《国家中长期教育改革和发展规划纲要（2010—2020年）》对高等教育人才培养提出了新要求，要贯彻党的教育方针，核心是解决好培养什么人，怎样培养人的重大问题，不断增强大学生的创新精神和创新能力，担负起祖国的重任和民族的未来。《全国加强和改进大学生思想政治教育工作座谈会》对高等教育人才培养进行了新部署，指出要贴近学生、贴近实际、贴近生活，不断增强服务学生的科学化水平，而党的十八大对高等教育人才培养深化了新理念，把"立德树人"作为教育的根本任务，培养中国特色社会主义事业建设者和接班人。

高校发挥着人才培养、服务社会、科学研究和文化传承的重要职能，尤其是人才培养和文化传承重要基地，其校园文化是大学赖以生存和发展的根基和灵魂，是大学最重要的精神资源和无形资产。校园文化反映着社会文化的形态，是社会文化的重要组成部分，对社会先进文化的形成起着重要作用，比如北京大学是五四运

---

① 《关于进一步加强和改进大学生思想政治教育的意见》（中发〔2004〕16号），2004年8月26日。

动的发源地，在五四运动中享有很高的声誉，建立起富有时代精神和内涵的校园文化，滋养了新文化运动。① 当然，其中也包括公寓文化所做的贡献。

公寓文化是校园文化的亚文化，直接影响校园文化的形成、丰富和发展，是实现办学方向和人才培养的重要载体，对大学生健康成长和未来发展具有重要的影响。由此可见，公寓文化建设是提升学生综合素质、熏陶学生身心和谐的"基础工程"，是落实"立德树人"、办人民满意教育的"民心工程"，是关系国家前途和民族命运，确保中国特色社会主义事业兴旺发达的"希望工程"，是需要学校、家庭和社会大力支持的"社会工程"。开展公寓文化建设的评估，目的是检验公寓文化建设是否符合学生的利益诉求，是否彰显学校的独有特色，是否形成公寓文化的育人合力，是否与校园文化建设的目标一致，是否与社会先进文化吻合，是否符合时代发展的要求，是否符合立德树人的根本任务，这对于公寓文化建设长效机制的形成和自身发展有重要的推动作用，对于培养中国特色社会主义事业建设者和接班人具有重要意义。

三　评估是公寓文化长效机制的重要手段

评估是促进建设的重要手段，是改进工作的重要环节，是促进齐抓共管的有力推手。因此，大学生公寓文化建设评估的目的是建设，建设的目的是提升公寓文化品位，是增强公寓文化凝聚力和感召力，是激发公寓文化建设的内聚力和外推力。通过公寓文化建设的评估，统一思想，提高认识，促进公寓文化建设健康持续发展，因此，公寓文化建设的长效机制应注重三个方面的工作：一是做好顶层设计、二是健全保障机制、三是推进"八进"工作。

公寓文化建设的顶层设计。公寓文化建设要统筹规划，完善体制，理顺机制，明确职责，注重实效，上下形成在思想上同心同德，在行动上同心同行，在目标上同心同向的良好氛围，构建学校、学生、社会三结合的文化建设体制，形成学校为主导、学生参

---

① 关成华：《北京大学校园文化》，北京大学出版社 2004 年版，第 26 页。

与、社会支持的良好环境，让学生间接或直接与社会接轨，在了解社会需求的基础上主动适应社会。

健全公寓文化建设的保障机制。加强公寓文化队伍建设，将公寓管理人员纳入学校人才队伍建设总体规划，主体作用发挥和福利待遇能有效落实，学生党员、学生干部的先锋模范作用和榜样示范作用以及学生自我教育、自我管理、自我服务的作用能够有效发挥。完善公寓文化基础设施建设，健全公寓制度文化建设，加大公寓文化建设经费投入，保障公寓文化建设的顺利实施，不断增强公寓文化建设载体。

着力推进"八进"工作。（1）推进辅导员、教授、导师进公寓。课堂之外，师生经常接触，有利于提升学生的创造性思维和调动学生的积极性，对未来发展具有重要作用，[1] 因此，通过老师进公寓，拉近师生之间的距离，增加师生之间的交流，增进师生之间的感情，贴近学生的生活实际，培养学生的思想灵感，提升学生的创新思维，走进学生的心灵，成为学生的人生导师和知心朋友，引领学生健康成长。（2）推进网络进公寓。通过推进网络进公寓，建立网上网下零距离，促使师生交流畅通无阻，思想解决无障碍，引导学生文明、健康、积极、向上。（3）推进党团组织进公寓。通过党团组织进公寓，发挥党支部的战斗堡垒作用和团支部的引领作用，发挥学生党员的先锋模范作用，切实增强他们的政治意识、组织意识、先进意识和榜样意识，引导大学生强化"中国梦"责任感，深化大学生对实现中华民族伟大复兴"中国梦"的认识。（4）推进社团进公寓。通过社团进公寓，引导学生张扬个性，增强团结，提高能力，发挥作用。（5）推进学生资助进公寓。把解决学生思想问题和解决学生实际问题相结合，满足学生的现实生活需要，通过感恩、励志、自强和关爱等教育，促进学生的持续发展。（6）推进心理咨询进公寓。宣传心理健康知识，满足学生的心理咨询需要，打造学生发展性心理健康教育模式。（7）推进生涯规划和

---

① Chickering, A. W., Gamson, Z. F., "Seven Principles for Good Practice in Undergraduate Education", *AAHE Bulletin*, Vol. 39, No. 7, 1987, pp. 3-7.

就业服务进公寓，帮助学生转变就业观念，增强专业的认同感和归属感。（8）推进安全保卫进公寓。维护学生人身财产安全和公寓园区的正常秩序，确保环境安全健康和谐等。

总之，通过公寓文化建设的评估，不断完善公寓文化建设长效机制，促进公寓物质环境、文化环境和精神环境协调发展，推动公寓文化建设上水平、上台阶、上层次，形成开创公寓文化建设的新动力、新优势和新局面。

四　评估是公寓文化自身发展的重要举措

马克思说过："不同质的矛盾，只有用不同质的方法才能解决。"① 大学生公寓文化建设是一项系统工程，头绪繁多，任务艰巨，涉及面广，具有丰富的内容。由于公寓文化建设刚刚起步，在建设和发展过程中不可避免会存在这样或那样的问题，但是如果没有引进外部的竞争机制、制约机制和激励机制，很难察觉自身存在的问题和不足。有评估才能有比较和鉴别，所以，加强公寓文化建设的评估对促进公寓文化建设的规范化和科学化具有重要意义。

在思想观念上，社会、上级主管部门和高校自身以及学校师生认识是否到位，应该重视到什么程度为标准，参与到什么状态为到位；在领导体制上，上级主管部门、高校和公寓领导体制是否健全，作用发挥是否到位有效，应该建立什么样的领导体制，上下协调一致还是全校齐抓共管，哪种体制更有利于公寓文化建设，更有利于文化育人，更有利于学生成才。在队伍建设上，知识、年龄、学历等结构是否合理，师生比是否科学，应该具备什么样的思想道德素质、科学文化素质和专业技能，如公寓辅导员是否具备辅导员职业资格证、心理咨询师等级证、职业指导师证等。在制度建设上，制度是否规范科学，是否体现人本关怀，是否体现时代性。在环境建设上，环境规划是否科学，整体布局是否规范，文化主题是否明确，文化营造是否到位，文化个性是否突出，如公寓里景观雕塑、草木山水、广场景点、服务设施、文化长廊等。

---

① 《毛泽东选集》第 1 卷，人民出版社 1991 年版，第 311 页。

在大学生公寓文化建设的评估过程中，评估专家结合评估标准，从多层面、多角度、多视野，全面、系统地测评公寓文化建设，发现各高校存在的共性问题以及经验和优势，找出个性特色彰显不够的问题等。因此，公寓文化建设的评估不仅是评估验收的过程，也是规范公寓文化科学运作的过程。同时，也促使形成学赶比超的良好氛围。针对存在的问题和不足，高校完善规划，制定方案，增加投入，凸显个性，充分调动公寓文化建设的主体参与性，使其发挥更大的潜能，优化公寓文化建设各要素之间的统筹协调，使其发挥更大的效能，深度挖掘蕴藏内涵丰富的公寓文化特色，发挥其独具特色的育人功能，从而加快公寓文化建设向高层次、深内涵、强育人的方向发展。总之，通过公寓文化建设评估，促使高校按照评估标准，进行整体规划、协调部署、分步实施，加快公寓文化建设。

第二节　大学生公寓文化建设评估的原则与内容

大学生公寓文化建设的评估是一项系统而复杂的工程，涉及评估对象、评估内容、评估原则等，由于未知因素多、可变性大，可能受到各种因素的阻碍和制约。所以，评估过程中，在某一评估体系的指导下，坚持客观、公正、科学、阳光、透明，保证评估目标的实现。

一　公寓文化建设评估的原则

大学生公寓文化建设的评估引领各高校按照评估体系的要求，结合学校的实际，提高公寓文化建设水平，形成自己学校的特色，从而发挥更好的育人作用。在大学生公寓文化建设评估过程中应遵循以下几个原则。

政治性原则。政治性原则是公寓文化建设评估的根本原则，具有鲜明的阶级性，体现党的教育方针，体现高校的人才培养任务。公寓文化建设的评估应注意大学生公寓文化建设是否坚持高举中国特色社会主义伟大旗帜、深入贯彻落实科学发展观，是否坚持"育人为本、德育为先"的工作理念和"立德树人"的根本任务，是否确立中国特色社会主义理论体系的指导地位、符合中国特色社会主义先进文化的发展方向、符合社会主义核心价值观的科学内涵，是否遵守国家的法律法规、地方性法规规章、规范性文件和学校的规章制度，是否符合时代特征、时代精神和时代内涵，是否建设符合评估体系要求的领导体制和工作运行机制，是否充分发挥学生党员先锋模范作用和党支部战斗堡垒作用以及学生组织模范引领作用和学生自我教育、自我管理、自我服务和自我提升的作用，是否通过各种途径引导学生树立正确的世界观、人生观、价值观。

客观性原则。客观性原则是公寓文化建设评估的重要原则，是反映客观事实的重要途径。大学生公寓文化建设具有一定的特殊性，很难逐一进行量化评估，难免有评估专家的个人主观判断。客观性原则要求公寓文化建设评估从实际出发，以求实的态度制订切实可行的评估方案，能量化的尽量量化，避免评估过程中的人为因素，严格评估程序，尊重客观事实，按照评估体系，遵循评估标准，将定性与定量有机结合起来，注重以评促进、以评促改、评建结合、重在建设的方针，注意抓重点、抓关键、抓要害，以实际材料为基础，以确凿的事实为依据，系统考察公寓文化建设经费是否列入专项预算，要看校长签批原始文件；考察队伍建设是否到位，尤其是人员配置、结构比例是否合理、福利待遇是否到位；考察公寓文化环境整体规划是否科学；考察学生对公寓文化建设的评价等。同时，在统一评估体系和评估程序的基础上，充分考虑各高校的亮点和特色，问题和不足，给予客观公正的、经得起检验的评估结论。

可行性原则。可行性原则是公寓文化建设评估的重要依据，公寓文化建设评估的可行性原则是指评估体系要具有前瞻性、精细性、规范性，如果指标体系过低，不具有激励作用，会养成高校的惰性心理，但如果指标体系过高，很多高校望尘莫及，挫伤高校工作的积极性，指标体系过高或过低都会导致公寓文化建设的目标不明、动力不足，因此，对公寓文化建设重视不够，水平下滑。所以，应注意把握以下几点：（1）评估指标体系设计力求前瞻，要考虑公寓文化建设未来的发展趋势，如果指标体系内容的90％各高校都能完成，10％的空间无疑对公寓文化建设起到引领作用。（2）评估体系力求精细，设计一级指标、二级指标、三级指标，各级指标涉及哪些内容、具体分值，尽可能全面、细化，不要让评估专家产生模棱两可的理解。（3）评估体系力求量化，每一项指标体系可通过数据进行比对，减少人为主观因素，提高评估结果的公正性和科学性。（4）评估程序力求规范，评估专家的稳定性、专业性和公正性是确保评估程序规范、科学、可行的重要基础。

互动性原则。互动性原则是公寓文化建设评估的联动原则，公寓文化建设评估的互动性是指上级评估和高校自身评估相结合。上级评估是站在全局、多层、高端来审视高校公寓文化建设情况，并进行评价、比对，找出差距和不足、优势和特色，指出下一步努力方向。但是作为局外人在短短的时间内看局内事态情况，具有一定的局限性或不准确性。自我评估是高校内部组织相关专家，站在学校自身角度，按照评估指标体系，通过多种途径对公寓文化建设进行科学分析评价，找出问题所在和特色优势，也具有一定的片面性或不准确性。若把上级考评和高校自身考评有机地结合起来，上下联动、互相辅助、互相参照，更有利于评估结果的科学性。

激励性原则。激励性原则是公寓文化建设评估的动力原则，评估的目的是建设，建设的动力是激励。所以，应出台与公寓文化建设评估体系相配套的激励机制，使高校上下达成共识，营造争先进、当先进的良好局面。评估结果反馈后，应及时兑现相应的激励措施，评估成绩优秀的公寓文化建设要给予适当的公寓文化建设经费投入、给予适当的政策倾斜。同时，对于公寓文化建设中涌现出来的先进个人或集体，给予物质奖励，而且在干部提拔、职称晋升等方面给予照顾。也可以通过表彰大会、广播、电视、报纸、网络等进行宣传表彰，通报嘉奖等。因此，激励性原则可以激发高校及教职员工的荣誉感和自豪感以及公寓文化建设的积极性和创造性。而且，也能鞭策在评估中落后的高校，调动他们参与公寓文化建设工作的热情。

二　公寓文化建设评估的内容

大学生公寓文化建设的评估是一项复杂工程，不是单项工作的评估，是全方位的评估，涉及的内容大致有以下几个方面：

公寓体制机制的评估。大学生公寓文化建设的体制机制是公寓文化建设得以顺利实施的重要枢纽，其中，领导体制是公寓文化建设顶层设计和推动工作的有力保障，工作机制是公寓文化建设计划监督和顺畅运行的关键枢纽。体制机制的评估主要包括是否坚持社会主义办学方向，是否以"立德树人"为根本任务，是否把学生公寓文化建设列入学校重点工作计划，各项工作是否落实到位。学生公寓文化建设领导小组、学生公寓管理中心、学生公寓党支部、学生健康服务中心、学生心理咨询中心、学生公寓自律委员会、学生公寓团支部、学生就业指导服务中心、学生资助管理中心、学生生活学习辅导中心等是否健全，各自职责是否明确，协同机制是否到位，另外，学生公寓文化建设的发展规划、激励机制、监督机制及各项规章制度是否科学完善，监督落实是否到位等。

公寓队伍建设的评估。队伍建设是公寓文化建设有效实施的重要力量，是贯彻公寓文化建设发展规划的重要支撑，是公寓文化建设中各项工作的组织者、协调者和执行者，在公寓文化建设中发挥着无可替代的作用。公寓队伍建设的评估主要包括公寓文化建设领导干部、公寓辅导员、学生党员、学生干部、学生团员等，主要看人员编制是否到位，知识、年龄、学历等结构是否合理，师生比是否科学；是否按照评估体系标准配备公寓辅导员，辅导员的待遇是否按照《普通高等学校辅导员队伍建设规定》（教育部24号令）实现专业技术职务单列指标、单设标准、单独评定，是否实施辅导员职级制度；是否注重公寓文化建设队伍的校内外培训、交流考察等措施，是否具备辅导员职业资格证、心理咨询师等级证、职业指导师证等，是否注重学生骨干的选拔、培养和使用，作用发挥是否有效等。

公寓经费的评估。经费是公寓文化建设顺利实施的重要保证。俗话说：钱不是万能的，没有钱是万万不能的。公寓文化建设也是如此，如果钱落实不到位，所有的规划、设想仅仅停留在文件上。因此，公寓经费的评估主要看公寓文化建设经费和文化活动经费是否按照学生人数列入专项预算，公寓辅导员的专项补贴是否列入专项经费，同时，查看校长办公会签批的预算文件和经费支出明细或转账清单，具体落实经费支持情况。

公寓基础环境的评估。基础环境是公寓文化建设的重要基础，没有基础环境，公寓文化只能是纸上谈兵、空中楼阁。公寓基础环境的评估主要包括公寓楼构造、宿舍房间布局和设施、卫生条件，如洗衣机、网线、洗手间、书柜、衣柜、空调等；公寓园区景观设施、活动场地、人文气息等，如健康服务中心、学生心理咨询中心、学生资助管理中心、学习辅导中心、就业服务中心等体现人文关怀的组织和场所。公寓基础环境的评估主要查看基础设施是否完善，整体布局是否合理，环境规划是否科学，文化主题是否鲜明，文化个性是否突出，景观雕塑草木山水是否与公寓文化底蕴相匹配等。

公寓制度建设的评估。俗话说："没有规矩，不成方圆。"制度建设是公寓文化建设的重要保障。公寓文化制度建设是制定制度、执行制度、检验制度、完善制度的过程，简单地说，是制度—实践—再制度—再实践的动态过程，是促进公寓文化建设水平不断提升的过程，到达一定阶段后，形成浓厚的文化氛围，实现从公寓文化到文化公寓的转变。人们常说：一流公寓靠文化、二流公寓靠制度、三流公寓靠人才等，目前，公寓文化建设处于启蒙阶段，需要制度约束和人才管理。所以，公寓文化制度建设是公寓文化建设的重要保障，公寓制度建设的评估主要查看公寓文化建设发展规划、学校专项会议纪要、学生公寓文化建设专项计划实施细则，查看公寓管理人员、公寓辅导员和学生日常行为规范等相关制度或规定。

公寓文化载体的评估。公寓文化载体是公寓文化建设的重要途径，是指以公寓各种组织、活动、设施、标识以及精神的形式承载、传播、弘扬公寓文化的工具，它是公寓文化得以形成与扩散的重要途径。公寓文化载体的评估主要考察以下几个内容：（1）组织载体，包括正式或非正式的组织以及公寓师生员工。（2）文化设施，包括文化教育设施、文化活动场地、体育娱乐设施、身心健康设施、就业服务设施等。（3）文化活动，包括文娱体育、科技竞赛、诗歌朗诵、歌咏比赛、社团文化节、公寓文化节、创业活动、社会实践、志愿服务、公益活动、文明宿舍评比、知识性和趣味性活动等。（4）文化媒体，包括校训、校歌、校徽、校服、公寓标识、广播、电视、报纸、网络等。当然，公寓文化建设也有外部载体，如学校周围的地理环境、人文环境、治安环境等，但是外部载体不在大学生公寓文化建设评估的范围内。

公寓文化效果的评估。公寓文化效果是检验公寓文化建设成效的重要标志。其表现形式很多，文化效果的评估主要是显性效果和隐性效果。显性效果主要表现在学生的政治素质高、信仰追求坚、学习能力强、知识结构优、就业去向好、社会评价高等。隐性效果主要表现在学生的责任感和使命感强、治学态度端正、创新精神强、协作意识强，心理健康、人格健全以及能充分发挥导向、激励、凝聚作用等。另外，公寓环境文化效果表现在体现人文关怀、个性服务、学生特点，体现人与自然的和谐统一等。

第三节　大学生公寓文化建设评估的方法与步骤

学生公寓文化评估的方法和步骤实现是评估的重要途径，评估方法是否科学、切合实际，步骤是否合理、流畅，直接关系到评估结果的科学性、公正性和客观性，关系到评估的衔接性、流畅性和效率性。因此，应注重公寓文化评估方法、步骤的科学性、合理性。

一　公寓文化建设评估的方法

自身评估和上级评估相结合。大学生公寓文化建设评估要坚持上级评估和自身评估相结合，增强评估的联动性和互动性，充分调动上级主管部门和高校自身的工作积极性和主动性。上级评估是根据评估指标体系的要求和时间安排，专家组站在较高的视野、全局的层面、不同的视角进行有组织、有计划、有目的、有步骤地从组织领导、体制机制、规划决策、队伍建设、基础设施、经费支持、文化途径、文化载体、文化氛围等进行全面系统的评估，主要审视领导对公寓文化建设的重视程度以及公寓管理人员的工作状态和精神面貌，查看工作运行是否顺畅、文化建设是否具有前瞻性以及公寓文化建设的效果，对大学生的教育和培养起到什么样的引领和熏陶作用等。自我评估是高校根据上级主管部门制定的评估体系标准，组织内部相关专家，按照指标体系结合学校的总体规划和决策部署对公寓文化建设进行逐一检验，同时，通过多种途径搜集关于公寓文化建设的意见、建议和要求，客观公正地对自己进行评估，从中找出问题和不足，不断改进和加强公寓文化建设的具体措施，优化公寓文化建设环境，促使公寓文化建设靠近或超越评估体系指标的要求，更好地发挥公寓文化的育人效能。总之，上级考评和自身考评的有机结合，能促进上下联动、互相辅助、互相参照，更有利于评估结果的客观性和科学性。

定性评估和定量评估相结合。马克思主义认为，事物的质和量是辩证统一的，质是人们认识事物的基础，量可加深人们对质的认识。二者缺一不可，相互依赖、相互制约、辩证统一。[①] 公寓文化建设评估也是如此，公寓文化建设评估要坚持定性评估和定量评估相结合，增强评估的公正性、客观性和科学性，充分发挥专家分析和数据量化的重要作用。定性评估是指评估专家通过看资料、走访、座谈、实地考察、查看记录等形式，对获得的信息凭借自己的直觉、经验和智慧进行归纳和演绎、分析和概括、综合和提炼，对公寓文化建设情况作出的判断。定量评估是根据评估指标体系标准对公寓文化建设评估事先确定的各级指标逐一考核，运用问卷法和层次分析法等采集数据，用数据而不是用文字对公寓文化建设进行综合分析并作判断。但是，定性评估与定量评估缺一不可，相互依赖，定性评估往往带有评估专家的主观判断、个人好恶或情感因素等，要在定量评估基础上定性评估，促进评估的客观性和科学性。定量评估往往存在评估指标体系无法覆盖的范围，定量也就无法实

---

① 蒋笃运：《德育系统论》，郑州大学出版社 2007 年版，第 268 页。

现，从而存在评估缺憾。只有定性评估与定量评估互为补充，才能体现评估的科学性，定性评估是定量评估的前提，而定量评估使定性评估更加精准、科学。

资料评审和实地考察相结合。公寓文化建设评估要坚持实地评估和资料评估相结合，增强评估的互补性、契合性和一致性，充分发挥三维立体和平面支撑的互补作用。资料评审是上级主管部门组织评审专家，成立评估评审委员会，对高校提供的自评报告以及相应支撑材料，按照评估指标体系标准进行集中审议和讨论，是公寓文化建设评估不可缺少的环节。公寓文化建设自评报告是高校接受上级主管部门评估之前，对照评估体系标准，进行查漏补缺、及时完善，总结评价的书面汇报材料，具有汇报、提示和引导作用，向评估专家汇报学校的实力和取得的成绩，提示专家关注学校的"特色"和"亮点"，引导专家对学校产生良好的印象，更重要的是给予理想的成绩。实地考察是公寓文化建设评估的重要环节，仅看资料只能停留在表面现象，自评报告往往存在适当的夸大或不切合实际的吹嘘，不能深刻地反映公寓文化建设的真实情况。在实地考察过程中，切记避免走马观花和以偏概全的错误倾向，只有实地考察公寓设施环境，认真听取领导的汇报，切身体验公寓文化氛围、随机的干部师生交流座谈，深入的问卷测评，耐心查阅原始资料等，才能了解公寓文化建设的现实，掌握公寓文化建设的第一手资料，弥补某些疏忽或遗漏，作出正确的判断，确保评估的科学。

单一比对和综合比较相结合。公寓文化建设评估要坚持单一比对和综合比较相结合，增强评估的系统性和完整性，以调动公寓文化建设的积极性和主动性。单一比对是指评估体系指标中的某一项同层次高校之间的比对或不同层次学校之间的比对，找出公寓文化建设的特色和问题根源，例如，针对某一项指标体系，本科院校没有专科院校做得周密完善，问题就显而易见了，说明本科院校的领导重视不够，师生积极性没有充分调动，师生的主体性参与不够等。综合比较是将某高校公寓文化建设情况对照评估体系标准进行纵向比较，又将其与其他同类高校进行横向比较，以及不同类高校之间的差异比较，综合作出的判断。例如，通过综合比较，某一专科院校明显比某一本科院校的公寓文化建设做得扎实有效、学生的认可度高、社会美誉度高，更说明了学校领导对公寓文化的重视程度以及领导的工作思路问题。通过比较找到差距、找准不足、找出特色和优势，激励高校不断提升和完善公寓文化建设。

二　公寓文化建设评估的步骤

制定评估方案。方案决定程序，程序决定客观。大学生公寓文化建设评估要制定一套符合所有高校评估的最佳方案确实很难，需要上级主管部门组织有关专家，在评估之前认真研读相关文件要求、读懂文件精神，明确评估指导思想和目标，了解各高校当前公寓文化的现状，再结合本区域的实际情况，专家组确立整个评估工作的大致方案，制定初步的评估体系标准，包括各级指标的分数分布以及评估的类别划分或评估对象的确定等。随后，经过专家组充分的论证和反复的推敲以及上级主管部门的商议，确立基本的评估方案。然后，将基本评估方案拿到各高校征求意见和建议，进行修订和完善，确定最终实施的评估方案，而得到大家认可的评估方案，要通过红头文件的形式颁布执行。[1]

收集评估资料。公寓文化建设的评估方案发布后，各高校按照评估指标体系标准进行自查自纠，指出自己的差距和不足，找出问题的根源和症结，明确今后的努力方向和未来发展目标。按照评估文件要求，初步撰写自评报告，进行实事求是、客观公正的论证。同时，按照指标体系要求，向上级主管部门提交自评报告和相关支撑材料。另外，各高校整理自评报告的过程，也在不断改进和加强公寓文化建设的具体措施，优化公寓文化建设的环境，促使公寓文化建设达到评估体系指标的要求。

选择评估方法。方法决定效果，公寓文化建设的评估注重方法的综合应用，比如：自身评估和上级评估相结合的方法有利于公寓文化建设内聚力和外助力的形成，定性评估和定量评估相结合的方法有利于公寓文化建设评估的客观性和科学性，资料评审和实地考

---

① 卫世文、骆玉安：《大学校园文化建设论》，远方出版社1997年版，第206页。

察相结合的方法有利于公寓文化建设评估的互补性和支撑性，单一比对和综合比较相结合的方法有利于查找公寓文化建设的优势和差距。所以，综合方法的应用，更有利于大学生公寓文化建设评估结果的公平公正。

撰写评估报告。评估结果是对学校公寓文化建设中物质文化、制度文化、行为文化和精神文化的集中反映，与学校办学精神、价值追求和文化传统有着密切的关系，是对学校公寓文化建设的综合评价。所以，专家组在撰写评估报告时，要客观公正、实事求是，在学校自评报告的基础上，通过查阅材料、个别访谈、集体访谈、考察公寓设施与公共服务设施、公寓文化活动载体等形式，对照评估指标体系的审核情况进行详细的描述，以对学校公寓文化建设整体情况作出客观公正的判断和评价，形成写实性的评估报告。同时，明确高校公寓文化建设工作的优势、经验以及问题和不足，提出整改的意见、建议和未来发展目标等，更好地激励各高校建设公寓文化的长效机制，形成文化管人、文化引人、文化育人的良好局面。

反馈评估结果。反馈结果是公寓文化建设评估的终端，也是各高校公寓文化建设找准差距、弥补不足的重要渠道。结果反馈是指根据评估专家对直接数据和间接数据进行综合评定结果的反馈，其中间接数据来源于自评报告的综合认定、实地考察、切身感受以及横向比较的综合评判；直接数据是根据评估体系标准的量化而来的直接结果。结果反馈渠道有现场反馈和统一反馈两种方式，现场反馈是指实地考察结束后，评估专家及时向学校领导和工作人员以及师生代表进行信息反馈。统一反馈是指评估专家集中各高校公寓文化建设的整体情况，厘清公寓文化建设取得的成绩，存在的不足、未来努力方向，通过纵横比较，有针对性地列出各高校公寓文化建设的经验、优势、特色，存在的问题以及评定结论。最后，以红头文件、总结表彰、电视、广播、报纸、网络等形式向社会进行反馈，确保评估结果的公正、精准。

第四节　大学生公寓文化建设
评估体系的构建

构建科学、具体、可操作的大学生公寓文化建设评估体系，有助于精准地把握大学生公寓文化建设的成效，为其可持续发展和育人目标的实现提供指导。构建大学生公寓文化建设评估指标体系必须抓住关键性行为，并使潜在性行为转化为显性行为，全面反映整体目标。[①] 着重明确指导思想，确定评估目标，建立评估指标，形成评估指标体系，而且各指标权重应具有可调节性，随着时代的变化、对象的不同，指标权重也应发生变化。

一　确立公寓文化建设评估指导思想

思想决定行动，是行动的先导和动力，无论做任何事情，都是先有思想，后有行动。有正确的思想，才有正确的行动；有积极的思想，才有积极的行动；有健康的思想，才有健康的行动；有统一的思想，才有统一的行动。因此，大学生公寓文化建设评估的指导思想对评估的实施、目标的实现具有重要意义。

坚持以中国特色社会主义理论体系为指导，深入贯彻党的十八大和十八届三中全会精神，全面落实党的教育方针，增强大学生公寓文化建设评估的科学性和有效性，践行社会主义核心价值观的培育。同时，贯彻《国家中长期教育改革和发展规划纲要（2010—2020 年）》文件要求，坚持以人为本，增强大学生公寓文化建设评估的针对性和时效性，全面落实素质教育的实施，全面深化"中国梦"精神内涵，增强大学生公寓文化建设评估的长效性和激励性。

公寓文化建设评估要坚持"以评促建，以评促改，以评促管，评建结合，重在建设"的方针，突出内涵建设、特色发展，彰显育人功能，从而以内在的精神力量凝聚、激励学生，以特有的人文环境熏陶、鞭策学生，以独特的文化内涵影响、规范学生，努力把大

---

① 骆郁廷：《思想政治教育原理与方法》，高等教育出版社 2010 年版，第 233 页。

学生培养成中国特色社会主义事业建设者和接班人。

二　明确公寓文化建设评估发展目标

成功学大师拿破仑·希尔曾说："设定明确的目标，是所有成就的出发点。"目标是成功的灵魂精粹所在，目标的达成几乎与成功画等号。大学生公寓文化建设评估亦是如此，公寓文化建设评估目标是通过一定的程序和原则，按照指标体系收集公寓文化建设的信息，准确了解公寓文化建设的实际情况，并对公寓文化建设做出综合评价，肯定优势和特色，找出问题和不足，从而为公寓文化建设的发展提出针对性意见和建议，更好地促进公寓文化育人作用的发挥。

公寓文化是校园文化的亚文化，加强公寓文化建设对于繁荣校园文化、推进高等教育改革发展、加强和改进大学生思想政治教育、全面提高大学生综合素质，具有十分重要的意义。通过大学生公寓文化建设评估，坚定公寓文化建设坚持社会主义先进文化的发展方向，遵循文化发展规律，借鉴吸收人类文明有益成果，以实施科学文化素质教育为基础，以优化公寓文化环境为重点，按照"公寓设施营造整体美、厚重文化营造历史美、绿色植物营造环境美、景观佳作营造艺术美、师生气质营造高雅美、言行举止营造涵养美、人际和谐营造文明美"的思路，全力打造"平安公寓、生态公寓、数字公寓、文明公寓、人文公寓"，使公寓文化成为教育学生、激励学生和促进学生健康成长成才的有效载体，努力建设体现社会主义特点、时代特征和学校特色的公寓文化，实现公寓文化向文化公寓的转变，形成稳定、成熟的育人理念，积极向上的文化精神，不断满足大学生日益增长的精神文化需求，为培养中国特色社会主义事业建设者和接班人提供强大的精神动力，使高校成为发展中国特色社会主义先进文化的重要基地、示范区和辐射源。[①] 引领社会全面进步，集聚全面建成小康社会、实现中华民族伟大复兴中国梦

---

① 教育部、共青团中央：《关于加强和改进高等学校校园文化建设的意见》（教社政〔2004〕16号），2004年12月13日。

的强大正能量。①

三 构建公寓文化建设评估指标体系

按照评估的指导思想、目标和原则要求，大学生公寓文化建设评估的指标体系通常设置三级指标。一级指标是大学生公寓文化建设的主要内容，一般在公寓文化建设中公共成分份额较多；二级指标是建立在一级指标的基础上，是对一级指标的细化和分解，也是对一级指标的说明和补充，二级指标评估分值之和等于一级指标的分值；三级指标是在二级指标的基础上进一步细化和分解，目的更便于操作和实践，体现具体性、可操作性和可测性，② 笔者构建的大学生公寓文化建设评估体系见表7—1。

表7—1　　　　　　　大学生公寓文化建设评估体系③

一级指标	二级指标	测评标准	测评方式
1. 组织领导	1. 1 工作定位与思路	1. 1. 1 大学生公寓文化建设工作纳入学校校园文化建设 1. 1. 2 由公寓文化向文化公寓的转变，实现文化育人的重要作用 1. 1. 3 学校统一管理、部门具体管理、院系积极管理、学生组织管理的工作思路	材料审核
		符合上述三项标准为 A；符合其中两项为 B；符合其中一项为 C；其余情形为 D	

① 中共中央办公厅印发《关于培育和践行社会主义核心价值观的意见》，《人民日报》2013年12月24日。
② 朱国云：《社区管理与服务》，天津出版社2010年版，第160页。
③ 参照《中共中央宣传部、教育部关于印发〈全国大学生思想政治教育工作测评体系（试行）〉的通知》（教思政〔2012〕2号），2012年2月15日。

一级指标	二级指标	测评标准	测评方式
1. 组织领导	1.2 领导体制与工作机制	1.2.1 建立由学校主管校领导担任的大学生公寓文化建设领导小组组长，每学期至少召开一次专门工作会议 1.2.2 大学生公寓管理中心以及学生服务性组织建设情况 1.2.3 学校将大学生公寓文化建设与校园文化建设工作同时部署，同时检查，同时评估 1.2.4 有贯彻落实中发〔2004〕16号文件第22款及其配套措施 1.2.5 有明确的大学生公寓文化建设工作职责并完成相应任务 1.2.6 学校党政主要领导每学期听取大学生公寓文化建设工作汇报	材料审核
		符合上述六项标准为A；符合其中四项为B；符合其中三项为C；其余情形为D	
2. 队伍建设	2.1 公寓管理干部	2.1.1 对公寓管理干部组织、协调、实施大学生公寓文化建设工作有明确要求 2.1.2 每年对公寓管理干部履行大学生公寓文化建设工作进行相关职责考核 2.1.3 公寓管理干部对大学生作形势与政策报告有具体管理措施 2.1.4 公寓管理干部与学生面对面交流、听取学生意见和建议有具体措施	材料审核 实地考察 座谈 问卷
		符合上述四项标准为A；符合其中两项为B；符合其中一项为C；其余情形为D	

一级指标	二级指标	测评标准	测评方式
2. 队伍建设	2. 2 公寓辅导员	2. 2. 1 按公寓楼配备专职公寓辅导员 2. 2. 2 对公寓辅导员专业技术职务单列指标，单设标准，单独评审 2. 2. 3 落实公寓辅导员相应职级、职数和待遇 2. 2. 4 公寓辅导员的培养纳入学校师资培训规划和人才培养计划，开展队伍轮训，享受专任教师培养同等待遇 2. 2. 5 有公寓辅导员工作考核办法和年度考核结果，定期评选表彰优秀公寓辅导员，并纳入教师表彰体系	材料审核 实地考察 座谈 问卷
		符合上述五项标准为 A；符合 1 和其余标准中三至四项为 B；符合其中三项为 C；其余情形为 D	
	2. 3 学生党员、团干部、学生干部	2. 3. 1 不同层次的学生骨干有相应的选拔、培养、使用、考核和表彰措施 2. 3. 2 学生党员先锋模范作用发挥情况 2. 3. 3 团员干部的引导作用发挥情况 2. 3. 4 学生干部的桥梁纽带作用发挥情况 2. 3. 5 楼长、宿舍长作用发挥情况	材料审核 实地考察 座谈 问卷
		符合上述五项标准为 A；符合 1 和其余标准中三至四项为 B；符合其中两项为 C；其余情形为 D	

一级指标	二级指标	测评标准	测评方式
3. 公寓文化	3.1 公寓物质文化	3.1.1 公寓园区净化，整洁度高，无乱涂、乱画、乱刻、乱丢、乱摘、乱踩及污迹等现象；宿舍、办公室、厕所等设施内保持干净卫生 3.1.2 公寓园区绿化，公寓园区内有绿地、花坛等，绿化率和园艺水平高 3.1.3 室外美化，公寓园区内设有公开栏、读报栏、宣传栏、评比栏、师生风采栏、灯箱等，内涵丰富、新颖别致、更换及时，体现较强的教育性、艺术性 3.1.4 室内美化，各功能室内整洁卫生，布置美观，各类张贴物、展板、条幅等内涵丰富，活泼健康、新颖别致，与校园文化建设和谐一致，体现教育性、艺术性 3.1.5 公寓园区景观，公寓园区分区明晰，环境优雅，整体美观；地面、楼宇、雕塑、公用设施等整体设计、装饰体现学校特定的文化氛围和办学理念；师生参与公寓楼宇、道路、广场、楼道、景墙、花木等景点的规划、建设、命名及管理，公寓环境富有文化氛围 3.1.6 公寓园区建有专门的学生活动用房，有完善的活动设施、娱乐休闲中心并得到充分利用	材料审核 实地考察
		符合上述六项标准为 A；符合标准中四至五项为 B；符合其中两至三项为 C；其余情形为 D	

一级指标	二级指标	测评标准	测评方式
3.公寓文化	3.2公寓制度文化	3.2.1 制度建设，公寓文化建设长远发展规划及专项建设措施、队伍建设管理规定、心理咨询、学生资助、安全卫生、会议等管理制度健全，各组织工作职责明确，工作有序，有章可循 3.2.2 民主管理，师生参与公寓文化制度建设，对制度认同度高，公寓文化建设规章制度能够内化为师生的自觉行动；注重通过各种渠道征求师生员工的意见，领导和师生员工沟通渠道畅通，干群关系和谐 3.2.3 考核评价，围绕岗位职责和管理制度，建立健全检查、考评、奖惩制度，各项管理运转协调，运行高效	材料审核
		符合上述三项标准为A；符合其中两项为B；符合其中一项为C；其余情形为D	
	3.3公寓行为文化	3.3.1 公寓管理干部政治坚定，道德高尚，公道正派，率先垂范，顾全大局，思路清晰，敢于创新 3.3.2 公寓辅导员政治坚定，道德高尚，敬业爱生，为人师表，勇于担当，思维敏捷，敢于创新 3.3.3 公寓学生党员政治坚定，道德高尚，勤奋好学，身心和谐，乐于奉献，勇于担当，人际和谐 3.3.4 公寓学生干部道德高尚，勤奋好学，身心和谐，率先垂范，乐于奉献，勇于担当，人际和谐 3.3.5 公寓学生道德高尚，勤奋好学，身心和谐，对人诚恳，乐于助人，团结同学，热爱集体	实地考察 座谈 问卷
		符合上述五项标准为A；符合1和其余标准中三项为B；符合其中两项为C；其余情形为D	

一级指标	二级指标	测评标准	测评方式
3. 公寓文化	3.4 公寓精神文化	3.4.1 校风校训，校风、教风、学风纯正；校训符合学校实际，体现办学特色，有效发挥激励作用 3.4.2 精神面貌，学校管理体现以人为本的价值取向，管理民主化、人文化水平高；师生精神面貌健康向上，行为规范，仪表端庄，穿着得体，文明礼貌，热情大方 3.4.3 校徽、校旗、校歌、校服、公寓标识及各类用品的形象设计，各类载体内涵丰富、特色鲜明 3.4.4 创设有公寓文化特色网站、广播站、校报（刊）等教育阵地，拓展公寓文化建设的渠道和空间，内容丰富，影响面广	实地考察座谈问卷
		符合上述四项标准为 A；符合其中两或三项为 B；符合其中一项为 C；其余情形为 D	
	3.5 公寓文化活动	3.5.1 结合传统节庆日、重大事件和开学典礼、颁奖典礼、毕业典礼等开展主题教育活动 3.5.2 开展文明宿舍、文明楼层、文明楼宇创建活动 3.5.3 开展志愿服务、公益服务、义务劳动等活动 3.5.4 开展心理健康、诚信感恩、励志成才、就业创业等活动 3.5.5 开展公寓社团文化活动 3.5.6 努力开展公寓文化创新，打造活动品牌	材料审核实地考察
		符合上述六项标准为 A；符合其中四项为 B；符合其中三项为 C；其余情形为 D	

续表

一级指标	二级指标	测评标准	测评方式
4. 公寓服务学生组织	4.1 心理咨询	4.1.1 有专门的心理咨询机构、咨询场所和专职工作人员 4.1.2 按师生比不低于1∶5000的比例配备专职从事心理健康教育的教师 4.1.3 有用于大学生心理健康教育活动和心理咨询的专项经费 4.1.4 建立有公寓、楼、宿舍三级心理健康教育工作网络，有学生心理危机预防与干预体系 4.1.5 每年开展新生心理健康普查，建有心理健康档案 4.1.6 定期开展心理健康宣传教育活动	材料审核实地考察
		符合上述六项标准为A；符合1和其余标准中四至五项为B；符合其中四项为C；其余情形为D	
	4.2 资助育人	4.2.1 有专门的学生资助工作机构和专职工作人员 4.2.2 家庭经济困难学生资助经费达到学校事业收入的4%①，经费做到专款专用 4.2.3 建立资助育人机制，宣传表彰优秀家庭经济困难学生，开展诚信、感恩等教育活动	材料审核实地考察
		符合上述三项标准为A；符合其中两项为B；符合其中一项为C；其余情形为D	

① 达到学校事业收入的4%，见教财〔2008〕11号文件。

一级指标	二级指标	测评标准	测评方式
4. 公寓服务 学生组织	4.3 健康服务	4.3.1 有专门的健康服务场所和专职工作人员 4.3.2 定期向学生开展健康知识讲座 4.3.3 开展健康知识宣传活动	材料审核 实地考察
		符合上述三项标准为 A；符合其中两项为 B；符合其中一项为 C；其余情形为 D	
	4.4 就业创业	4.4.1 有学生就业创业教育的专门机构并配备专职工作人员 4.4.2 加强大学生就业教育，宣传表彰基层建功立业先进典型 4.4.3 开展就业创业竞赛及职业生涯规划活动	材料审核 实地考察
		符合上述三项标准为 A；符合其中两项为 B；符合其中一项为 C；其余情形为 D	
	4.5 党团组织	4.5.1 公寓党团组织独立设置，公寓楼党团组织健全，有专门场所 4.5.2 开展党团组织生活会，组织党团员活动，发挥支部战斗堡垒和团支部引导作用 4.5.3 开展党建带团建活动，党员联系宿舍活动 4.5.4 党团员模范带头作用发挥充分，学生高度赞扬	材料审核 实地考察 座谈
		符合上述四项标准为 A；符合其中两至三项为 B；符合其中一项为 C；其余情形为 D	
	4.6 学生社团	4.6.1 有学生社团管理办法，配备社团指导老师 4.6.2 社团活动主题明确，内容高雅、形式多样，活动丰富	材料审核 实地考察
		符合上述两项标准为 A；符合其中一项为 C；其余情形为 D	

续表

一级指标	二级指标	测评标准	测评方式
4. 公寓服务学生组织	4.7 网络社区	4.7.1 有完善的公寓网络舆情监控工作机制，并配备专职工作人员 4.7.2 建有大学生公寓管理中心网站，全面为学生提供服务 4.7.3 建有专题网站（学生资助、心理咨询、学习辅导等），积极推进大学生网络社区建设 4.7.4 有公寓实行用户上网实名登记制度	材料审核实地考察
		符合上述四项标准为 A；符合其中三项为 B；符合其中两项为 C；其余情形为 D	
5. 条件保障	5.1 经费投入	5.1.1 大学生公寓文化建设工作经费设立专门预算科目〔包括公寓文化建设、心理咨询、资助育人、就业服务、学生党团及学生组织、学生社团建设、队伍培养、表彰奖励（不含奖学金）等所需费用〕，经费做到专款专用 5.1.2 大学生公寓文化建设工作经费占学校上一年度政府拨给的事业费和收缴的学生培养费或学杂费总收入比例应逐年增长	材料审核实地考察
		符合上述两项标准为 A；符合其中一项为 C；其余情形为 D	
	5.2 科学研究	5.2.1 有大学生公寓文化建设工作专项研究课题或研究论文	材料审核实地考察座谈
		符合上述标准为 A；不符合为 D	

续表

一级指标	二级指标	测评标准	测评方式
6. 育人环境	6. 1 安全稳定	6. 1. 1 有维护公寓安全稳定的综合防控机制和突发事件紧急处置预案 6. 1. 2 有公寓文化阵地建设与管理办法，有文化活动等审批监督制度 6. 1. 3 按需要设置公寓安全标识，公寓安全通道畅通 6. 1. 4 有抵御和防范利用宗教对公寓师生进行渗透的措施和办法 6. 1. 5 有抵御和防范境内外敌对势力对公寓师生进行渗透和破坏的措施和办法 6. 1. 6 有与学校及有关部门的信息沟通制度 6. 1. 7 经常性开展学生安全教育 6. 1. 8 近三年无重大安全稳定责任事故	材料审核 实地考察 座谈
		第八项为一票否决，有重大安全稳定责任事故为D；符合8且其余标准中符合五至六项为A；符合8且其余标准中符合三至四项为B；符合8且其余标准中符合两项为C；其余情形为D	
测评结果		根据以上20项二级指标获得A的总数（用X表示），得出测评结果： X≥16，二级指标无C或D，结论为A；X≥13，且二级指标无D，结论为B；X≥11，结论为C；其余情形为D	

大学生公寓文化建设调查问卷
（辅导员卷）

亲爱的老师：

您好！

为了解高校公寓文化建设情况，我们进行此次抽样调查。问卷采取匿名方式，所有数据均用于课题研究。请按实际情况和真实想法回答问题，衷心感谢您对本次调查的大力支持！

1. 贵校公寓管理体制属于：

项目	人数	百分比
学校管理处（后勤集团）	170	70.8%
学校学生处	57	23.8%
社会企业	13	5.4%
总计	240	100%

2. 贵校公寓管理员整体素质：

项目	人数	百分比
非常高	10	4.2%
比较高	66	27.5%
一般	112	46.7%
不太高	41	17.1%

项目	人数	百分比
不高	11	4.6%
总计	240	100%

3. 贵校公寓管理员一般是：

项目	人数	百分比
正式职工	39	16.4%
人事代理	17	7.1%
合同工（临时工）	179	75.2%
学生	3	1.3%
总计	238	100%

4. 贵校公寓管理员平均年龄：

项目	人数	百分比
偏大	34	14.2%
比较大	109	45.6%
中等	85	35.6%
不大	9	3.8%
偏小	2	0.8%
总计	239	100%

5. 贵校公寓管理员学历层次大概是：

项目	人数	百分比
研究生	4	1.7%

续表

项目	人数	百分比
本科生	47	19.7%
高中生	127	53.1%
初中生及以下	61	25.5%
总计	239	100%

6. 据您所知贵校公寓管理员待遇大概：

项目	人数	百分比
1000 元以下	21	8.9%
1001—2000 元	134	56.5%
2001—3000 元	61	25.7%
3001—4000 元	16	6.8%
4001—5000 元	4	1.7%
5001—6000 元	1	0.4%
6001 元及以上	0	0%
总计	237	100%

7. 您对贵校公寓物质文化建设：

项目	人数	百分比
非常满意	15	6.3%
比较满意	71	29.6%
一般	109	45.4%
不太满意	37	15.4%
很不满意	8	3.3%
总计	240	100%

8. 您对贵校公寓精神文化建设：

项目	人数	百分比
非常满意	11	4.6%
比较满意	69	28.8%
一般	118	49.2%
不太满意	30	12.5%
很不满意	12	5.0%
总计	240	100%

9. 您对贵校公寓行为文化建设：

项目	人数	百分比
非常满意	15	6.3%
比较满意	59	24.6%
一般	128	53.3%
不太满意	29	12.1%
很不满意	9	3.8%
总计	240	100%

10. 您对贵校公寓制度文化建设：

项目	人数	百分比
非常满意	13	5.5%
比较满意	75	31.8%
一般	125	53.0%
不太满意	18	7.6%
很不满意	5	2.1%
总计	236	100%

11. 您对贵校党组织进公寓：

项目	人数	百分比
非常满意	17	7.2%
比较满意	81	34.3%
一般	91	38.6%
不太满意	34	14.4%
很不满意	13	5.5%
总计	236	100%

12. 您对贵校团组织进公寓：

项目	人数	百分比
非常满意	24	10.2%
比较满意	83	35.2%
一般	89	37.7%
不太满意	30	12.7%
很不满意	10	4.2%
总计	236	100%

13. 您对贵校社团组织进公寓：

项目	人数	百分比
非常满意	24	10.2%
比较满意	86	36.4%
一般	90	38.1%
不太满意	31	13.1%
很不满意	5	2.1%
总计	236	100%

14. 贵校领导对公寓文化建设重视程度：

项目	人数	百分比
非常重视	35	14.8%
比较重视	68	28.8%
一般	111	47.0%
不太重视	17	7.2%
很不重视	5	2.1%
总计	236	100%

15. 贵校辅导员参与公寓文化建设情况：

项目	人数	百分比
非常好	40	16.7%
比较好	81	33.8%
一般	93	38.8%
不太好	25	10.4%
很不好	1	0.4%
总计	240	100%

16. 贵校学生参与公寓管理情况：

项目	人数	百分比
非常好	30	12.5%
比较好	61	25.4%
一般	95	39.6%
不太好	31	12.9%
很不好	23	9.6%
总计	240	100%

17. 贵校教授或学生导师联系宿舍情况：

项目	人数	百分比
非常好	10	4.2%
比较好	35	14.8%
一般	103	43.6%
不太好	65	27.5%
很不好	23	9.7%
总计	236	100%

18. 贵校公寓文化建设特色：

项目	人数	百分比
非常突出	15	6.4%
比较突出	72	30.5%
一般	119	50.4%
不太突出	20	8.5%
很不突出	10	4.2%
总计	236	100%

19. 贵校公寓园区学生活动区：

项目	人数	百分比
非常健全	9	3.8%
比较健全	69	29.2%
一般	109	46.2%

项目	人数	百分比
不太健全	35	14.8%
很不健全	14	5.9%
总计	236	100%

20. 您对公寓文化建设的意见和建议？

附录 2

大学生公寓文化建设与思想政治教育
调查问卷（学生卷）

亲爱的同学：

　　您好！

　　为了解高校公寓文化建设与大学生思想政治教育情况，我们进行此次抽样调查。问卷采取匿名方式，所有数据均用于课题研究。请按实际情况和真实想法回答问题，衷心感谢您对本次调查的大力支持！

1. 您对自己的学习状况满意吗：

项目	人数	百分比
非常满意	1322	19.02%
比较满意	2359	33.94%
一般	1874	26.96%
不太满意	1159	16.68%
非常不满意	236	3.40%
总计	6950	100%

2. 您的主要经济来源是：

项目	人数	百分比
家庭支持	6274	90.27%
课余时间兼职	265	3.81%

续表

项目	人数	百分比
各种渠道的奖学金	65	0.94%
各种渠道的助学金	74	1.07%
假期打工	246	3.54%
其他	26	0.37%
总计	6950	100%

3. 您在高校期间每月的费用大约是：

项目	人数	百分比
100—500 元	1831	26.35%
501—1000 元	3677	52.91%
1001—1500 元	1245	17.91%
1501—2000 元	132	1.90%
2000 元以上	65	0.94%
总计	6950	100%

其中，生活消费大约是：

项目	人数	百分比
200 元以内	1079	15.53%
201—400 元	3245	46.69%
401—600 元	1815	26.12%
601—800 元	674	9.70%
800 元以上	137	1.97%
总计	6950	100%

其余消费主要用于：（限选 3 项）

项目	人数	百分比
学习费用（考证培训）	5160	74.24%
通信及网络费用	5744	82.65%
外出旅游	2997	43.12%
人际往来	4105	59.06%
情感支出	1180	16.98%
电子产品	1233	17.74%
其他	431	6.20%
总计	20850	300%

4. 您认为公寓环境对学生成长的影响：

项目	人数	百分比
非常大	3223	46.37%
比较大	2883	41.48%
一般	771	11.09%
没影响	30	0.43%
说不清楚	43	0.62%
总计	6950	100%

5. 您认为公寓文化建设水平：

项目	人数	百分比
非常高	691	9.94%
比较高	2445	35.18%
一般	2570	36.99%

续表

项目	人数	百分比
不太高	898	12.92%
不高	346	4.98%
总计	6950	100%

如选（一般、不太高或不高），请问最重要原因是：

项目	人数	百分比
学校不够重视	1364	35.76%
管理服务不到位	1197	31.38%
公寓管理员素质不高	445	11.67%
学生参与不够	808	21.19%
总计	3814	100%

6. 您和宿舍成员是否经常一起活动（包括娱乐、上下课吃饭等）？

项目	人数	百分比
是	5664	81.50%
否	1286	18.50%
总计	6950	100%

如选（是），请问主要方式：

项目	人数	百分比
聊天	2424	42.80%
聚会	1673	29.54%

续表

项目	人数	百分比
唱歌	220	3.88%
逛街	604	10.66%
参加文化活动	612	10.81%
其他	131	2.31%
总计	5664	100%

7. 您个人宿舍中的同学关系:

项目	人数	百分比
非常融洽	2096	30.16%
比较融洽	2954	42.50%
一般	1588	22.85%
陌生	257	3.70%
冷淡	55	0.79%
总计	6950	100%

如选 (一般、陌生或冷淡), 您觉得宿舍不和谐因素有: (限选 3 项)

项目	人数	百分比
生活习惯	1383	72.80%
个人性格、行为风格	1529	80.46%
价值取向	1183	62.26%
家庭条件	710	37.36%
无共同兴趣爱好	732	38.51%

项目	人数	百分比
其他	163	8.62%
总计	5700	300%

8. 您认为怎样才能处理好宿舍关系：（限选 3 项）

项目	人数	百分比
包容不同的生活习惯	6013	86.52%
多与舍友沟通交流	5502	79.17%
关心和帮助他人	5118	73.64%
不触犯他人的隐私	2079	29.91%
积极参与宿舍集体活动	2033	29.25%
其他	105	1.51%
总计	20850	300%

9. 您是否信仰宗教：

项目	人数	百分比
是	687	9.88%
否	6263	90.12%
总计	6950	100%

若选择"是"，您信仰的宗教是：

项目	人数	百分比
佛教	381	55.46%
道教	82	11.94%

续表

项目	人数	百分比
伊斯兰教	61	8.88%
天主教	24	3.49%
基督教（新教）	136	19.80%
其他	3	0.44%
总计	687	100%

10. 您认为现在大学生积极要求入党的最主要动机是：

项目	人数	百分比
追求理想和信念	2019	29.05%
寻求政治荣誉感	800	11.51%
谋求仕途发展	1283	18.46%
增强就业竞争力	1686	24.26%
对党的执政地位和执政理念有信心	1106	15.91%
其他	56	0.81%
总计	6950	100%

11. 如果您是学生党员或入党积极分子，那么您入党的最主要动机是：

项目	人数	百分比
追求理想和信念	1914	27.54%
寻求政治荣誉感	936	13.47%
谋求仕途发展	1246	17.93%
增强就业竞争力	1569	22.58%

项目	人数	百分比
对党的执政地位和执政理念有信心	1224	17.61%
其他	61	0.88%
总计	6950	100%

12. 您对坚持马克思主义在我国意识形态领域的指导地位，不能搞指导思想多元化：

项目	人数	百分比
非常赞同	3381	48.65%
比较赞同	2188	31.48%
说不清楚	958	13.78%
不太赞同	349	5.02%
很不赞同	74	1.07%
总计	6950	100%

13. 您对中国共产党是中国特色社会主义事业的领导核心：

项目	人数	百分比
非常赞同	4385	63.09%
比较赞同	1910	27.48%
说不清楚	550	7.91%
不太赞同	74	1.07%
很不赞同	31	0.45%
总计	6950	100%

14. 对下述现象在校园中的存在程度，您的看法（请在选项相应的空格内打"√"）

项目	非常普遍	比较普遍	不普遍	个别现象	不存在
抄袭剽窃、实验凑数据等学术不端行为	14.38%	32.58%	21.34%	26.58%	5.12%
沉迷网络游戏	10.59%	31.34%	23.66%	29.52%	4.89%
对"长明灯、长流水"现象视而不见	6.97%	20.24%	27.14%	34.66%	11.00%
逃课，上课迟到，上课期间做与课程无关的事情，如发短信、看小说、睡觉等	16.39%	35.86%	19.35%	24.38%	4.02%
考试作弊	9.14%	24.02%	24.42%	35.71%	6.71%
婚前性行为	9.29%	22.86%	23.66%	32.42%	11.77%
作息不规律，不注意锻炼身体	20.15%	41.62%	17.23%	16.63%	4.36%
在课桌、墙壁等地方"乱涂鸦"	13.16%	27.83%	22.47%	29.12%	7.42%

15. 您经常浏览的网站是：

项目	人数	百分比
新浪	2490	35.83%
搜狐	730	10.50%
腾讯网	2152	30.96%
网易	186	2.68%
人人网	225	3.24%
人民网	211	3.04%
新华网	131	1.89%
高校 BBS	170	2.45%

续表

项目	人数	百分比
淘宝网	374	5.38%
其他	281	4.04%
总计	6950	100%

16. 您通过网络主要进行的活动是：（限选 3 项）

项目	人数	百分比
了解新闻	4552	65.50%
参与网上讨论	1111	15.98%
搜索信息、查阅资料	5046	72.60%
聊天或交友	2896	41.68%
玩游戏	980	14.10%
观看影视作品	3229	46.46%
收发邮件	809	11.64%
进行电子商务活动	337	4.85%
撰写个人博客、微博	742	10.68%
下载课件资料、提交作业	1115	16.04%
其他	33	0.47%
总计	20850	300%

17. 您是否参加志愿服务活动：

项目	人数	百分比
经常参加	1174	16.89%
偶尔参加	4756	68.43%

续表

项目	人数	百分比
从不参加	233	3.35%
没有机会参加	787	11.32%
总计	6950	100%

18. 您认为参加志愿服务活动最主要的目的是：

项目	人数	百分比
增长才干	867	12.48%
开阔视野	1126	16.20%
磨炼意志	835	12.01%
奉献社会	2585	37.19%
认识社会	1172	16.86%
结交朋友	265	3.81%
从众	54	0.78%
其他	46	0.66%
总计	6950	100%

19. 您参加过几个学生社团：

项目	人数	百分比
1 个	1988	28.60%
2 个	2593	37.31%
3 个以上	735	10.58%
没有参加	1634	23.51%
总计	6950	100%

如果参加了学生社团，您参加的社团主要是：

项目	人数	百分比
学术科技类社团	1014	19.07%
思想理论类社团	549	10.33%
文艺体育类社团	1894	35.62%
公益服务类社团	1636	30.78%
其他	223	4.20%
总计	5316	100%

20. 您对大学生公寓文化建设和思想政治教育的意见和建议？

结　语

　　大学生公寓文化是校园文化的重要组成部分，是思想政治教育的重要载体。随着社会的发展、时代的变革、高等教育的改革、高校后勤社会化的推进，不断赋予大学生公寓文化新的内涵。如何加强和改进大学生公寓文化建设，不但是新时期高等教育的重要课题，也是丰富校园文化的重要途径，又是建设社会主义先进文化的必然要求。目前，大学生公寓文化建设的内容、途径等方面存在一定的局限性，尤其是公寓文化建设的原则和评估等方面的研究甚少。因此，结合时代特征，笔者通过调研等形式厘清公寓文化建设存在的问题和制约因素，界定了大学生公寓文化的内涵，对大学生公寓文化的特点、功能赋予新的内容，明确了大学生公寓文化建设的目标，进一步丰富了公寓文化建设的内容和途径，提出了公寓文化建设的原则和评估体系。

一　赋予大学生公寓文化新的内涵

　　通过查阅文献资料和国家相关文件精神，笔者梳理了国内大学生公寓文化建设的历程，赋予了大学生公寓文化新的内涵，认为大学生公寓文化是以公寓为载体，以学生为主体，以环境建设为基础，以制度建设为保障，以传承创新为原则，凝聚浓厚的校园精神和人文气息，陶冶大学生的高尚情操和道德品质，丰富大学生的文化生活和精神世界，对学校校风、教风、学风的形成具有积极作用，对大学生的成长成才具有重要作用。

二　厘清大学生公寓文化建设中存在的问题

笔者对国内外大学生公寓文化建设的现状进行比较，同时对国内大学生公寓文化建设的现状进行了调研，发现国内大学生公寓文化建设存在思想认识不到位、机制体制不顺、制度建设缺位、监督措施不力、文化个性不突出、主体发挥不够、非主流文化冲击、隐性壁垒太强等问题，进一步分析发现大学生公寓文化建设也受社会环境、网络环境、教育环境、传统文化被弱化和庸俗文化等问题影响。

三　理顺大学生公寓文化建设的体制与机制

为了提高大学生公寓文化建设的针对性和实效性，推进大学生公寓文化建设的服务人本化和教育纵深化。笔者认为高校应该设立公寓辅导员、专业教师联系学生宿舍等制度，加快推进党团组织、学生资助、心理咨询、健康服务、就业指导进公寓等措施，强化公寓文化活动的系统化、时代化、主题化和持续化等特征。同时，笔者进一步探索了大学生公寓文化建设的垂直管理体制、条状运行机制，把服务直接送到学生中间去，推进大学生公寓文化建设的管理精细化，实现大学生公寓文化建设的育人目标。

四　探究大学生公寓文化建设的原则与内容

笔者认为大学生公寓文化建设要遵循客观规律，符合学生的愿望和诉求，必须坚持主旋律与多样性相统一、理论性与实践性相统一、传承性与创新性相统一、科学性与人文性相统一、共性与个性相统一等原则。通过分析公寓文化的类别、地位和特性，笔者认识到大学生公寓物质文化是公寓文化建设的基础，大学生公寓制度文化是公寓文化建设的保障，大学生公寓精神文化和行为文化是公寓文化建设的核心，以上内容是一个统一的整体，在大学生公寓文化建设中，相互影响、相互制约，共同促进大学生公寓文化的繁荣和发展。

五　构建大学生公寓文化建设的评估体系

笔者对大学生公寓文化建设评估的原则、内容、方法等进行了探究，构建了大学生公寓文化建设的评估体系，以期加强大学生公寓文化建设评估，促进大学生公寓文化建设的可持续发展，更好地发挥公寓文化育人的重要作用，培养中国特色社会主义事业建设者和接班人。

总之，笔者进一步探索了大学生公寓文化的内涵，阐释了大学生公寓文化建设的目标、原则、内容、途径和评估，构建了大学生公寓文化建设的评估体系，力求为大学生公寓文化建设提供理论支撑和实践支持，发挥公寓文化的育人功能，促进大学生的全面发展。但是，由于笔者研究水平有限，虽然投入了大量的时间和精力进行研究，也难免存在不足，诚恳地期待专家、学者给予批评与指正！

参考文献

一　著作文献

1.《爱因斯坦文集》第3卷，商务印书馆1976年版。

2. 蔡红生：《中美大学校园文化比较研究》，中国社会科学出版社2010年版。

3. 陈家麟：《学校心理健康教育——原理与操作》，教育科学出版社2001年版。

4. 陈万柏、张耀灿：《思想政治教育学原理》（第2版），高等教育出版社2007年版。

5.《辞海》，上海辞书出版社1979年版。

6. 戴胜利：《大学思想政治教育的比较研究》，上海教育出版社2008年版。

7.［德］雅斯贝尔斯：《什么是教育》，邹进译，生活·读书·新知三联书店1991年版。

8.《邓小平文选》第3卷，人民出版社1993年版。

9.《邓小平文选》第2卷，人民出版社1994年版。

10.［法］埃德加·莫兰：《复杂性理论与教育问题》，北京大学出版社2004年版。

11.《费孝通文集》第14卷，群言出版社1999年版。

12. 冯刚、柯文进：《高校校园文化研究》，中国书籍出版社2011年版。

13. 符娟明：《比较高等教育》，北京师范大学出版社1987年版。

14. 伽达默尔：《赞美理论》，夏镇平译，生活·读书·新知三联书店1988年版。

15．高平叔：《蔡元培教育论集》，湖南教育出版社 1987 年版。

16．葛金国：《校园文化：理论意蕴与实务运作》，安徽大学出版社 2006 年版。

17．关成华：《北京大学校园文化》，北京大学出版社 2004 年版。

18．胡锦涛：《在中国文联第八次全国代表大会、中国作协第七次全国代表大会上的讲话》，载《十六大以来重要文献选编》（下），中央文献出版社 2008 年版。

19．扈中平：《教育目的论》，湖北教育出版社 2004 年版。

20．江苏省陶行知研究会、南京晓庄师范学校编：《陶行知文集》，江苏教育出版社 1997 年版。

21．江泽民：《在全国宣传思想工作会议上的讲话》，载《论党的建设》，中央文献出版社 2001 年版。

22．蒋笃运：《德育系统论》，郑州大学出版社 2007 年版。

23．李明德：《西方教育思想史：人文主义教育之演进》，人民教育出版社 2008 年版。

24．《列宁全集》第 32 卷，人民出版社 1972 年版。

25．《列宁选集》第 4 卷，人民出版社 1972 年版。

26．刘济良：《生命的沉思：生命教育理念解读》，中国社会科学出版社 2004 年版。

27．骆郁廷：《思想政治教育原理与方法》，高等教育出版社 2010 年版。

28．《马克思恩格斯全集》第 3 卷，人民出版社 1960 年版。

29．《马克思恩格斯全集》第 2 卷，人民出版社 1960 年版。

30．《马克思恩格斯全集》第 4 卷，人民出版社 1979 年版。

31．《马克思恩格斯全集》第 1 卷，人民出版社 1979 年版。

32．《马克思恩格斯选集》第 4 卷，人民出版社 1995 年版。

33．《马克思恩格斯选集》第 3 卷，人民出版社 1995 年版。

34．《马克思恩格斯选集》第 2 卷，人民出版社 1995 年版。

35．《马克思恩格斯选集》第 1 卷，人民出版社 1995 年版。

36．马克思：《1844 年经济学哲学手稿》，刘丕坤译，人民出版社 1979 年版。

37.《毛泽东文集》第 7 卷，人民出版社 1999 年版。

38.《毛泽东选集》第 3 卷，人民出版社 1991 年版。

39.《毛泽东选集》第 2 卷，人民出版社 1991 年版。

40.《毛泽东选集》第 1 卷，人民出版社 1991 年版。

41.［美］贝塔朗菲：《普通系统论的历史和现状》，载《科学学译文集》，科学出版社 1981 年版。

42.［美］贝塔朗菲：《一般系统论（基础·发展·应用）》，秋同等译，社会科学出版社 1987 年版。

43.［美］布鲁贝克：《高等教育哲学》，郑继伟等译，浙江教育出版社 1998 年版。

44.［美］菲利普·科特勒：《营销管理》，梅清豪译，上海人民出版社 2003 年版。

45.潘懋元：《多学科观点的高等教育研究》，上海教育出版社 2001 年版。

46.沈国全：《思想政治教育环境论》，复旦大学出版社 2002 年版。

47.沈晓春：《高校后勤管理学》，湖北人民出版社 2005 年版。

48.《苏霍姆林斯基选集》，教育科学出版社 2001 年版。

49.［苏］苏霍姆林斯基：《给教育的建议》，杜殿坤编译，教育科学出版社 1981 年版。

50.卫世文、骆玉安：《大学校园文化建设论》，远方出版社 1997 年版。

51.［西］奥尔托加·加塞特：《大学的使命》，徐小洲、陈军译，浙江教育出版社 2001 年版。

52.《现代汉语词典》（第 5 版），商务印书馆 2005 年版。

53.肖宗六：《学校管理学》，人民教育出版社 1988 年版。

54.［英］爱德华·泰勒：《原始文化》，连树声译，上海文艺出版社 1992 年版。

55.［英］马修·阿诺德：《文化与无政府状态》，生活·读书·新知三联书店 2002 年版。

56.［英］约翰·斯图亚特·密尔：《论自由》，中国法制出版社 2009 年版。

57. 余清臣、卢元凯:《学校文化学》,北京师范大学出版社 2010 年版。

58. 袁先潋:《学校文化力建设策略》,西南师范大学出版社 2009 年版。

59. 张岱年:《中国文化概论》,北京师范大学出版社 2004 年版。

60. 张耀灿、陈万柏:《思想政治教育学原理》,高等教育出版社 2001 年版。

61. 张忠利、宗文举:《中西文化概论》,天津大学出版社 2004 年版。

62. 郑金洲:《教育文化学》,人民教育出版社 2000 年版。

63.《中国大百科全书·社会学卷》,中国大百科全书出版社 1999 年版。

64. 周浩波:《教育哲学》,人民教育出版社 2000 年版。

65. 朱国云:《社区管理与服务》,天津出版社 2010 年版。

66. 朱正昌:《高校辅导员队伍建设》,人民出版社 2010 年版。

67.《走进美国高校学生事务管理》,中国人民大学出版社 2011 年版。

二 期刊文献

1. 蔡景华:《高校学生公寓文化建设的思考》,《湖南师范大学教育科学学报》2005 年第 6 期。

2. 程振华:《公寓文化环境的营造》,《中国高校后勤研究》2002 年第 6 期。

3. 丁笑生:《大学生公寓文化建设的实践与思考》,《河南师范大学(哲学社会科学版)》2013 年第 5 期。

4. 丁笑生:《大学生思想政治教育工作实践与探索》,《江苏高教》2013 年第 3 期。

5. 丁笑生:《浅谈辅导员工作的实践创新》,《教育与职业》2013 年第 8 期。

6. 丁笑生、张贺领:《浅谈学生干部队伍建设》,《中国成人教育》2007 年第 5 期。

7. 段美清：《试论高校公寓文化建设与大学生人文素质教育》，《太原理工大学学报（社会科学版）》2007 年第 3 期。

8. 范跃进：《论制度文化与大学制度文化建设》，《山东理工大学学报（社会科学版）》2004 年第 2 期。

9. 冯青来、耿红卫：《论埃德加·莫兰复杂性理论中的文化教育观》，《外国教育研究》2006 年第 11 期。

10. 冯天瑜：《中国文化的地域性展开》，《江汉论坛》2002 年第 1 期。

11. 付俊芳：《中西方文化及其社会性浅析》，《理论导刊》2006 年第 8 期。

12. 甘果：《大学生公寓文化的特征功能及构建策略》，《重庆教育学院学报》2009 年第 1 期。

13. 谷贤林：《导师制·午后茶·住宿学院与一流大学的人才培养》，《比较教育研究》2003 年第 9 期。

14. 郭玲玲：《多元文化视野中的大学生公寓文化特征初探》，《内蒙古师范大学学报（教育科学版）》2006 年第 9 期。

15. 郭玲玲：《高校大学生公寓文化面临的挑战及对策》，《高教论坛》2006 年第 1 期。

16. 贺治成、李辉：《从公寓文化到文化公寓：高校校园文化建设的新视角》，《学校党建与思想教育》2012 年第 8 期。

17. 洪旭亚：《高校学生公寓文化建设探析》，《中国经贸导刊》2009 年第 13 期。

18. 侯建辉：《论大学生公寓文化建设》，《中州学刊》2002 年第 9 期。

19. 黄丹、张学军、陈国华：《学生公寓文化建设探索与研究》，《管理科学研究》2010 年第 5 期。

20. 姬晨：《高校公寓文化建设刍议》，《渭南师专学报（社会科学版）》1998 年第 3 期。

21. 贾增尧：《高职院校公寓文化建设的研究与实践》，《中国电力教育》2012 年第 8 期。

22．姜玉洪、朱振林、王宏宇：《当代大学生思想状况调查与分析——以黑龙江省在校大学生为例》，《黑龙江高教研究》2013 年第 9 期。

23．金一斌：《论主动服务学生与学生自我服务的紧密结合》，《高校理论战线》2010 年第 9 期。

24．刘红斌：《建设高品位公寓文化，培养高素质大学人才》，《长春理工大学学报》2013 年第 1 期。

25．刘建荣：《探索公寓文化建设途径强化公寓文化育人功能》，《赣南师范学院学报》2006 年第 2 期。

26．刘云林：《思想政治教育内容的合理性探析》，《学校党建与思想教育》2009 年第 23 期。

27．罗冲：《思想政治教育视角下的高校学生公寓文化建设》，《学校党建与思想教育》2012 年第 4 期。

28．彭梅芬：《高校学生公寓文化建设的创新与发展》，《改革与战略》2004 年第 6 期。

29．任福全、张小飞：《当前大学生思想政治教育存在的问题及对策》，《胜利油田党校学报》2013 年第 2 期。

30．茹宁：《剑桥大学的住宿制和导师制》，《考试研究》2012 年第 4 期。

31．沈琛华、张怡、傅筱忱、卢晓东：《耶鲁大学住宿学院内部组织结构、外部关系的比较研究》，《复旦教育论坛》2007 年第 6 期。

32．苏银成：《第一社会第二家庭与第三课堂——学生宿舍的教育功能》，《教育艺术》2008 年第 10 期。

33．眭依凡：《大学校长教育取向对教育方法的影响》，《教育研究》2001 年第 8 期。

34．眭依凡：《关于大学文化建设的理性思考》，《清华大学教育研究》2004 年第 1 期。

35．汤耀平：《"90 后"大学生对传统文化的认知和态度》，《思想教育研究》2011 年第 6 期。

36．汪洋：《安徽省大学生公寓文化有关问题的研究》，《黑龙江史》2009 年第 10 期。

37. 王国义：《大学生公寓文化的育人功能及其实现形式》，《黑龙江高教研究》2008 年第 4 期。

38. 王利福：《论公寓文化对人才培养的重要作用》，《煤炭高等教育》2007 年第 3 期。

39. 王圣宏：《高校学生公寓文化建设的研究与探索》，《东北农业大学学报（社会科学版）》2004 年第 1 期。

40. 王纬：《公寓文化建设是加强公寓管理的切入点》，《甘肃高师学报》2001 年第 1 期。

41. 王勇：《大学生传统文化意识现状调查研究》，《教书育人》2013 年第 2 期。

42. 吴春红：《制约高校学生公寓文化建设原因的探析与思考》，《高校后勤研究》2007 年第 3 期。

43. 肖中瑜：《主体间性道德观视野下的高校学生公寓文化建设》，《职业时空》2009 年第 9 期。

44. 许金霞、刘枫：《加强公寓文化建设 提高人才培养质量》，《教书育人》2000 年第 6 期。

45. 杨赣太、高激化：《论高校学生公寓文化与育人工作》，《教育与职业》2006 年第 21 期。

46. 于国君、王国辉：《发挥团学组织优势 加强公寓文化建设》，《辽宁工程技术大学学报（社会科学版）》2004 年第 2 期。

47. 曾慧：《从视角互换谈大学生宿舍文化建设》，《商业经济》2013 年第 1 期。

48. 张宏雷、冷文勇、刘雪辉：《高校人本化学生管理模式研究》，《中国电力教育》2011 年第 10 期。

49. 张洪：《突出专业特色 建设飞行学生公寓文化》，《中国民航飞行学院学报》2011 年第 4 期。

50. 张绘武：《主题教育要注意解决好四个问题》，《政工学刊》2013 年第 4 期。

51. 张家勇、张家智：《哈佛大学本科生住宿制和导师制》，《河北师范大学学报（教育科学版）》2006 年第 5 期。

52. 张军凤:《学校制度文化的内涵、类型和构成要素》,《当代教育论坛》2011 年第 8 期。

53. 赵红深:《论学生住校心理与公寓文化》,《卫生职业教育》2004 年第 23 期。

54. 郑永廷:《大学生思想政治教育质量提升的理论研究》,《思想教育研究》2013 年第 6 期。

55. 钟秉林:《自我教育是体现本质、真正生效的教育》,《中国教育学刊》2013 年第 1 期。

56. 周长茂:《高等学校大学生公寓文化建设的探索》,《沈阳农业大学学报（社会科学版）》2004 年第 1 期。

57. 周德海:《对文化概念的几点思考》,《巢湖学院学报》2003 年第 5 期。

58. 周华琼:《行为文化：大学文化建设的关键》,《上海理工大学学报（社会科学版）》2013 年第 2 期。

59. 周麟:《试论行为文化建设》,《岭南文史》2013 年第 3 期。

三 英文文献

1. Abraham, F., *Universities: American, English, German* (Ed.), Oxford University Press, 1930.

2. Adam, S., *The Theory of Moral Sentiments* (Ed.), Prometheus Books, 2000.

3. American College Personnel Association, "An American Imperative: Higher Expectations for Higher Education", *Journal of College Student Development*, Vol. 37, No. 2, 1996.

4. Bennis, W., Movius H., "Why Harvard is so Hard to Lead", *The Chronicle of Higher Education*, Vol. 52, No. 28, 2006.

5. Chickering, A. W., Gamson, Z. F., "Seven Principles for Good Practice in Undergraduate Education", *AAHE Bulletin*, Vol. 39, No. 7, 1987.

6. Chickcring, W., Linda, R., *Education and Identity*, Second Edition (Ed.), Jossey-Bass, 1993.

7. Davis, L., *Cross - Cultural Communication in Action* (Ed.) , Beijing: Beijing Foreign Language Teaching and Research Press, 2001.

8. Florence, A. H., Nancy, J. E., John, H. S., *Foundations of Students Affairs Practice: How Philosophy, Theory and Research Strengthen Education* (Ed.) , Sanfrancisco: Jossey-Bass, First edition, 2002.

9. Henry, R., *The University: An Owner's Manual* (Ed.) , W. W. Norton and Company, Inc., 1990.

10. Karl, J., *The Idea of the University* (Ed.) , Peter Owen, London, 1965.

11. Komives, S. R., *The Art of Becoming a Professional* , Paper Presented at the Annual Conference of the American College Personnel Association, Miami, FL, 1998.

12. Kuh, G. D., Pace, C., Vesper, N., "The Development of Process Indicators to Estimate Student Gains Associated with Good Practices in Undergraduate Education", *Research in Higher Education*, Vol. 38, No. 4, 1997.

13. Margaret, J. B., Mary, K. D., Assoclates. *The Handbook of Student Affairs Administration* (Ed.) , San Francisco: Jossey-Bass Publishers, 2000.

14. Olaussen, B. S., Braten, I., "Students' use of Strategies for Self - Regulated Learning: Crosscultural Perspectives", *Scandinavian Journal of Educational Research*, Vol. 43, No. 4, 1999.

15. Posner, J., *The Evolution of School Culture Research* (Ed.) , London: Paul Chapman, 1999.

16. Samuel, E. M., *Three Centuries of Harvard* 1636-1936 (Ed.) , Cambridge: Harvard University Press, 1937.

17. Soetaert, R., Andre, M., "Culture and Pedagogy in Teacher Education", *The Review of Education, Pedagogy, and Cultural Studies*, No. 26, 2004.

18. Susan, R. K., Dudley, B. W., *Student Services: A Handbook for the Profession* (Ed.) , Published by Jossey-Bass, 1996.

19．Upcraft，M. L.，Schuh，J. H.，*Assessment in Student Affairs*：*A Guide for Practitioners*（Ed.），Jossey-Bass，1996.

20．Waller，W.，*The Sociologe of Teaching*（Ed.），Russeell & Russeell，Inc.，1967.

21．Wilkins. E. H.，*Response to a Conference Speech*（Ed.），New York University Press，1933.

22．Willamson，E. G.，*Student Personnel Services in Colleges and U-niversities*（Ed.），New York：McGraw-Hill，1961.

四　学位论文文献

1．蔡桂珍：《新时期高校校园文化建设研究》，博士学位论文，福建师范大学，2013 年。

2．陈莉：《中国大学生组织发展研究》，博士学位论文，华中科技大学，2007 年。

3．何妍：《高校公寓辅导员对大学生思想引领的机理与提升路径研究》，硕士学位论文，湖南师范大学，2010 年。

4．李成真：《大学文化与当代中国先进文化研究》，硕士学位论文，华中师范大学，2006 年。

5．李福杰：《大学文化视野下的大学发展研究》，博士学位论文，华东师范大学，2006 年。

6．李继兵：《大学文化与学生发展关系研究》，博士学位论文，华中科技大学，2006 年。

7．李楠：《论我国现代领导文化的构建》，硕士学位论文，内蒙古大学，2008 年。

8．黎媛：《思想政治教育视域下的大学生公寓文化建设研究》，硕士学位论文，西南石油大学，2012 年。

9．刘鹤龄：《论高校公寓文化与大学生思想政治教育》，硕士学位论文，安徽大学，2013 年。

10．钱波：《大学生公寓文化建设的理论与实证研究》，硕士学位论文，江苏大学，2010 年。

11．辛鹏：《当代中国高校师生关系冲突的文化透视》，硕士学位论文，东北师范大学，2011 年。

12．薛绍聪：《大学主体间文化的缺失与构建》，博士学位论文，山东师范大学，2012 年。

13．王焕伟：《高校和谐校园建设背景下的学生公寓文化建设研究》，硕士学位论文，大理学院，2010 年。

14．汪润：《高校学生公寓文化研究》，硕士学位论文，华东师范大学，2009 年。

15．王维：《高校和谐宿舍文化建设研究》，博士学位论文，陕西师范大学，2010 年。

16．赵炜阳：《大学生社区文化建设研究》，博士学位论文，延边大学，2011 年。

五　文件报纸文献

1．《高举中国特色社会主义伟大旗帜　为夺取全面建设小康社会新胜利而奋斗——在中国共产党第十七次全国代表大会上的报告》，《人民日报》2007 年 10 月 25 日。

2．《关于加强和改进高等学校校园文化建设的意见》（教社政〔2004〕16 号），2004 年 12 月 13 日。

3．《关于进一步加强高校实践育人工作的若干意见》（教思政〔2012〕1 号），2012 年 1 月 10 日。

4．《关于进一步加强和改进大学生思想政治教育的意见》（中发〔2004〕16 号），2004 年 8 月 26 日。

5．《关于认真做好 2008 年高等学校新生资助有关工作的通知》（教财〔2008〕11 号），2008 年 7 月 8 日。

6．《国家中长期教育改革和发展规划纲要（2010—2020 年）》，2010 年 7 月 29 日。

7．何腾念：《构筑学生公寓人本文化》，《贵阳日报》2005 年 8 月 30 日。

8．何祥林：《大学在文化建设中的使命》，《光明日报》2012 年 4 月 8 日。

9．《坚定不移沿着中国特色社会主义道路前进　为全面建成小康社会而奋斗——在中国共产党第十八次全国代表大会上的报告》，《人民日报》2012 年 11 月 9 日。

10. 李树华：《让"学在师大"美誉更美》，《河南日报》2013 年 7 月 31 日。

11.《普通高等学校辅导员队伍建设规定》（教育部 24 号令），2006 年 7 月 23 日。

12. 权云霞：《学生教育要注重人本化》，《甘肃日报》2007 年 5 月 30 日。

13. 王东：《大学生体质在下降!》，《光明日报》2011 年 9 月 14 日。

14. 王晖：《塑造积极向上的公寓文化氛围》，《河南日报》2003 年 11 月 23 日。

15. 吴自斌：《大学生思想政治教育工作定位》，《光明日报》2010 年 10 月 5 日。

16. 习近平：《胸怀大局　把握大势　着眼大事　努力把宣传思想工作做得更好》，《人民日报》2013 年 8 月 21 日。

17. 张闻天：《校外公寓缺失校园文化》，《人民日报（海外版）》2003 年 1 月 13 日。

18. 赵倩、任杰：《大学生体质滑坡　国之栋梁成文弱书生?》，《光明日报》2013 年 10 月 21 日。

19. 中共中央办公厅印发《关于培育和践行社会主义核心价值观的意见》，《人民日报》2013 年 12 月 24 日。

20.《中共中央关于全面深化改革若干重大问题的决定》，《人民日报》2013 年 11 月 13 日。

21.《中共中央关于深化文化体制改革　推动社会主义文化大发展大繁荣若干重大问题的决定》，《人民日报》2011 年 10 月 19 日。

22.《中共中央宣传部、教育部关于印发〈全国大学生思想政治教育工作测评体系（试行）〉的通知》（教思政〔2012〕2 号），2012 年 2 月 15 日。

23. 中国驻纽约总领事馆教育组王盈、艾方林：《便于交流　美国大学教师住进学生宿舍》，《中国教育报》2007 年 8 月 28 日。

六　网上文献

1.《半数大学生称与同窗难相处》（http：//news. 163. com/14/0302/04/9MAB3NC500014AED. html）。

2.《北京大学简介》（http：//www. pku. edu. cn/about/bdjj. jsp）。

3.《大学的使命与大学生的责任》（http：//theory. people. com. cn/GB/41038/4500720. html）。

4. 鼎乾坤：《什么是文化？其真正内涵又是什么?》（http：//blog. sina. com. cn/s/blog_ 614375770102es54. html）。

5.《河南师范大学学校简介》（http：//www. htu. cn/s/4/t/188/p/1/c/4353/d/4362/list. htm）。

6. 胡锦涛：《在全国宣传思想工作会议上的讲话》，2003 年 12 月 7 日（http：//www. people. com. cn/GB/shizheng/1024/2232678. html）。

7.《南京师范大学简介》（http：//www. njnu. edu. cn/About/introduction. html）。

8.《青岛黄海学院倾情打造宜居书院式生活园区》（http：//news. xinhuanet. com/edu/2013-07/19/c_ 125035729. htm）。

9.《清华大学学校沿革》（http：//www. tsinghua. edu. cn/publish/th/6174/index. html）。

10.《人类的思路和社会的方向》（http：//blog. sina. com. cn/s/blog_ 4453129601012nm0. html）。

11. 王体正、宋韧：《大学精神推动大学发展》（http：//www. gmw. cn/01gmrb/2007-01/24/content_ 540565. htm）。

12. 习近平：《在第十八届中央纪律检查委员会第二次全体会议上的讲话》，2013 年 1 月 22 日（http：//news. cntv. cn/2013/01/22/ARTI1358845260691238. shtml）。

13. 赵新法：《立德树人——教育的根本任务》（http：//dangjian. people. com. cn/n/2012/1203/c117092-19773912. html）。

后　记

　　《大学生公寓文化建设研究》一书是我在南京师范大学博士生导师刘云林教授的具体指导下，查阅和搜集了大量国内外的相关资料，借鉴和吸收了专家学者的研究成果，调研和访谈了全国部分高校、辅导员和学生，结合自身的理论研究和现实思考完成的。

　　在本书撰写过程中，南京师范大学博士生导师孙迎光教授、文晓明教授、王立新教授、吴自斌教授、黄军伟教授、曹孟勤教授以及南京理工大学博士生导师李俊奎教授、河海大学博士生导师孙其昂教授，浙江省教育工会主席赵祖地教授（原衢州学院党委副书记）、江苏大学夏民、南京师范大学朱冬梅、赣南师范学院肖灵、江苏警察学院满炫、南京林业大学姚海静、河南师范大学领导、同事以及我的家人都给予了很多指导和帮助、关心和支持。

　　在本书出版过程中，得到了河南师范大学的出版基金、河南省软科学计划项目基金的资助。中国社会科学出版社朋友们的劳动和智慧，尤其是喻苗编辑在百忙之中多次与笔者沟通书稿的编辑、封面的设计以及出版的细节，对本书的顺利出版给予了很多关心和帮助，令我备受感动。

　　对此，我向他们对我的关心、关爱、支持与帮助，表示真挚的谢意！当然，需要感谢的人还有很多很多，这里就不一一列举了。感谢所有关心我、帮助我、支持我的人！

　　最后，我想说的是，由于大学生公寓文化涉及面广、内涵丰富，理论性和实践性强，我们又处在文化大繁荣、大发展的好形势下，笔者在认识和把握上有一定局限，书中难免有疏漏和不足，敬请专家学者批评指正！

编者